中国人民大学研究报告系列

新闻传播与媒介法治年度研究报告

2018—2019

JOURNALISM AND
COMMUNICATION MEDIA RULE OF
LAW ANNUAL REPORT

陈　绚　王思文　著

中国人民大学出版社

· 北京 ·

"中国人民大学研究报告系列"编委会

总 序

陈雨露

　　当前中国的各类研究报告层出不穷，种类繁多，写法各异，成百舸争流、各领风骚之势。中国人民大学经过精心组织、整合设计，隆重推出由人大学者协同编撰的"研究报告系列"。这一系列主要是应用对策型研究报告，集中推出的本意在于，直面重大社会现实问题，开展动态分析和评估预测，建言献策于咨政与学术。

　　"学术领先，内容原创，关注时事，咨政助企"是中国人民大学"研究报告系列"的基本定位与功能。研究报告是一种科研成果载体，它承载了人大学者立足创新，致力于建设学术高地和咨询智库的学术责任和社会关怀；研究报告是一种研究模式，它以相关领域指标和统计数据为基础，评估现状，预测未来，推动人文社会科学研究成果的转化应用；研究报告还是一种学术品牌，它持续聚焦经济社会发展中的热点、焦点和重大战略问题，以扎实有力的研究成果服务于党和政府以及企业的计划、决策，服务于专门领域的研究，并以其专题性、周期性和翔实性赢得读者的识别与关注。

　　中国人民大学推出"研究报告系列"，有自己的学术积淀和学术思考。我校素以人文社会科学见长，注重学术研究咨政育人、服务社会的作用，曾陆续推出若干有影响力的研究报告。譬如自2002年始，我们组织跨学科课题组研究编写的《中国经济发展研究报告》、《中国社会发展研究报告》、《中国人文社会科学发展研究报告》，紧密联系和真实反映我国经济、社会和人文社会科学发展领域的重大现实问题，十年不辍，近年又推出《中国法律发展报告》等，与前三种合称为"四大报告"。此外还有一些散在的不同学科的专题研究报告，也连续多年在学界和社会上形成了一定的影响。这些研究报告都是观察分析、评估预测政治经济、社会文化等领域重大问题的专题研究，其中既有客观数据和事例，又有深度分析和战略预测，兼具实证性、前瞻性和学术性。我们把这些研究报告整合起来，与人民大学出版资源相结合，再做新的策划、征集、遴选，形成了这个"研究报告系列"，以期放大规模效应，扩展社会服务功能。这个系列是开放的，未来会依情势有所增减，使其动态成长。

中国人民大学推出"研究报告系列"，还具有关注学科建设、强化育人功能、推进协同创新等多重意义。作为连续性出版物，研究报告可以成为本学科学者展示、交流学术成果的平台。编写一部好的研究报告，通常需要集结力量，精诚携手，合作者随报告之连续而成为稳定团队，亦可增益学科实力。研究报告立足于丰厚素材，常常动员学生参与，可使他们在系统研究中得到学术训练，增长才干。此外，面向社会实践的研究报告必然要与政府、企业保持密切联系，关注社会的状况与需要，从而带动高校与行业企业、政府、学界以及国外科研机构之间的深度合作，收"协同创新"之效。

为适应信息化、数字化、网络化的发展趋势，中国人民大学的"研究报告系列"在出版纸质版本的同时将开发相应的文献数据库，形成丰富的数字资源，借助知识管理工具实现信息关联和知识挖掘，方便网络查询和跨专题检索，为广大读者提供方便适用的增值服务。

中国人民大学的"研究报告系列"是我们在整合科研力量，促进成果转化方面的新探索，我们将紧扣时代脉搏，敏锐捕捉经济社会发展的重点、热点、焦点问题，力争使每一种研究报告和整个系列都成为精品，都适应读者需要，从而铸造高质量的学术品牌、形成核心学术价值，更好地担当学术服务社会的职责。

前 言

　　伴随着新媒体的快速发展，传播过程被赋予了更强的即时性和交互性，传统媒体的生产和传播不断受到冲击，新闻伦理与法规也遭遇着新的挑战。新媒体的快速发展促使更多新闻事件进入了公众的视野，这些新闻事件不仅受到公众的关注，更不时地冲击着公众的思想，挑战着公众的认知。而一系列相关新闻政策的颁布与执行，不仅说明立法与司法部门对于新闻事件的重视，更深层次地表明我国相关法律政策继续走向成熟。本书从2018—2019年的相关事件中选取了22个重要事件进行描述与评析，记录这些曾引发社会关注，并可能对未来传媒法治化进程产生影响的事件，记录新闻伦理与法治成长的足迹。

　　在这两年里，大数据时代的到来成为人们的共识，而大数据时代重要的组成部分——"信息"，则成为民众耳熟能详的词语。上至国家信息的流通，下到公民个人信息的使用与保护，都成为国家与民众关心的问题。2019年5月，首次修订的《中华人民共和国政府信息公开条例》开始施行，相比2008年5月1日起施行的原版条例，此修订版休量更大，内容更加细致、具体，更具可操作性。此次修订对于推进我国政务公开，保障人民群众依法获取政府信息，促进政府职能转变、建设法治政府，发挥了积极作用，也说明了我国改革的深入和社会信息化的快速发展。

　　与推进政府信息更加公开相对应的是公民个人信息保护意识的加强与政策法规的完善。2019年10月1日，我国第一部专门针对儿童个人信息网络保护的立法《儿童个人信息网络保护规定》正式实施。这部法律旨在对在中华人民共和国境内通过网络从事收集、存储、使用、转移、披露儿童个人信息等活动进行规范。在我国个人信息专门法规出台之前，颁布《儿童个人信息网络保护规定》说明国家对个人信息保护的重视，对于儿童个人信息的保护也算迈出了坚实的一步。虽然我国还没有专门的关于个人信息保护的法律规制，但国家层面对于公民个人信息的保护行动一直在持续，其中包括对手机App搜集与滥用用户个人信息的整治行动。2019

年 1 月，中央网信办、工信部、公安部、市场监管总局等四部门召开新闻发布会，联合发布《关于开展 App 违法违规收集使用个人信息专项治理的公告》，在全国范围组织开展 App 违法违规收集使用个人信息专项治理。

在信息社会里，个人信息既是促进经济发展的资源，也是推动社会整合、制度变迁的动力，对个人信息的过度保护可能会阻碍信息的有效流动和功用发挥，但如果保护不足又将导致个人信息被滥用，引发诚信危机。因此，对个人信息如何合理地利用，如何切实地保护，如何把握好其中的边界成为民众所关注的重点，而互联网运营商及相关平台成为解决这些问题的重要的一环。

平台作为互联网上的一种经济组织形式进入人们的视野不过十多年的时间。但是，随着近几年互联网技术的发展，一批平台企业迅速成长，从创业公司变成了独角兽公司，甚至变成了行业巨头。但或许是"走得太快了"，或许是"相关规制太慢"，在目睹平台企业高速成长的同时，人们对于平台的认知却相对欠缺，由平台触及的相关伦理与法治问题也逐渐凸显出来。2018 年 2 月，国家互联网信息办公室公布了《微博客信息服务管理规定》，重点规制了微博客信息服务者的责任与义务，这是在 2017 年颁布的《互联网跟帖评论服务管理规定》《互联网用户公众账号信息服务管理规定》《互联网群组信息服务管理规定》等法律文件的基础上继续完善互联网空间治理的重要举措。在司法实践层面上，2018 年，大学生小刘因不满知网的退款程序，而将知网公司诉至法院；2019 年，用户许某以《QQ 浏览器》App 获取用户微信及 QQ 账号中的头像、性别、生日、地区等个人信息以及好友信息为由，在江西某法院起诉《QQ 浏览器》App 运营方腾讯，并提起了行为保全申请（诉前禁令），要求腾讯立即停止侵犯其隐私权的行为。这些都说明了平台与公众的利益冲突，凸显了平台治理与责任意识的重要性。2019 年，"百度百科词条名誉权案"以百度败诉被判道歉结束，正如该案判决书所述："本案中看似一个网络百科的词条被篡改，但其结果不单是对特定受害人名誉权的损害，更影响到网络百科的真实性、客观性、权威性，影响到互联网用户的利益，影响到社会公共利益。因此，百度公司为了降低运营风险而扩充免责内容的做法并不足取。"

当然，在社会进一步促使平台履行其责任与义务的同时，平台也在合法行使着自己的权利，维护着自身的名誉与形象。2018 年，"今日头条起诉自媒体运营者侵犯名誉权纠纷案"即是一起平台自身维护自己形象与名誉的典型案例；而从 2018 年腾讯视频、爱奇艺、优酷三家视频网站联合六家影视公司发布《关于抑制不合理片酬，抵制行业不正之风的联合声明》，到 2019 年九家公司再次联手提出《关于加强行业自律，促进影视行业健康发展的联合倡议》可见，无论平台是出于自救的目的还是为了社会的良性运转，其都在努力探索着与社会和谐发展的道路。

除了信息的利用与保护问题，信息内容的规制仍然是有关部门与公众关注的重点。近两年，这些规制中的相关条例呈现出内容越来越具体化，专业性与针对性越来越强的趋势。同时，因为新技术的发展，传播新形式的出现也导致了很多新情况的出现，引发了广泛争议。2018年11月，国家广播电视总局颁布了《关于进一步加强广播电视和网络视听文艺节目管理的通知》，将传统媒体平台与互联网空间一视同仁，"同规而治"，以此来确保广播电视和网络视听文艺节目健康有序发展，加强不同平台对于公众意识形态引导的相同责任；2019年4月3日，国家广播电视总局在官网上发布《未成年人节目管理规定》，对未成年人作为主要参与者或者以未成年人为主要接收对象的广播电视节目和网络视听节目做出管理，成为我国未成年人保护相关规制的重要组成部分。除了法规政策的颁布执行，相关执法行动也在继续，2018、2019年"扫黄打非"部门查封涉黄短视频平台的行动仍在持续推进。可见，规制信息内容，特别是互联网上的信息内容任重而道远。

在流量至上、眼球经济、平台效应愈演愈烈的趋势下，是否有足够多的流量，成为数字媒体经济是否成功、能否变现的关键。追逐流量无可厚非，过分地追逐爆款，重营销轻内容则会导致低俗内容泛滥，粗制滥造横行，甚至为吸引眼球不择手段的行为出现。2019年，全国首例视频刷量不正当竞争案二审宣判，将业内"习以为常"却又违反社会道德的刷量行为"晒"之庭审，供公众讨论。近年短视频的迅速发展也带来了许多新的问题，从2019年中国网络视听节目服务协会颁布的《网络短视频平台管理规范》《网络短视频内容审核标准细则》中的相关内容可见，对于互联网迅速发展的新的传播形式，由于法律政策的滞后性，很多规制行动还处于探索的阶段，但其积极的态度依然值得肯定；除此之外，需要探索的还包括对新技术的认识与规制，2019年国家互联网信息办公室发布的《区块链信息服务管理规定》等相关规制即是有力的说明。

在新的传播形式与传播技术发展的过程中，传媒业界的格局也在发生着变化。传统媒体不仅失去了广告，甚至也失去了平台，并进而有可能失去大量人才，影响力和公信力也会越来越成为问题。2019年12月，《南方周末》微信公众号发布的报道《"不寒而栗"的爱情：北大自杀女生的聊天记录》引发公众关注，而由这篇报道引出的关于平衡报道、非虚构写作甚至新闻专业主义等相关问题，更是引起了业界广泛的讨论。

在传统媒体与新媒体竞争的过程中，与知识产权相关的案例也不断进入公众视野并成为"新旧媒体""新新媒体"博弈的重要舆论场，其中的一些案例，对峙公堂，最终有所结果，例如"央视诉直播平台擅转奥运赛事案""咪咕视讯侵犯《奔跑吧兄弟（第三季）》信息网络传播权案""新浪网诉凤凰网侵犯著作权及不正当竞争纠纷案"；还有一些则止于舆论，例如2019年初"呦呦鹿鸣"微信公众号与财新集团记者关于"洗稿"行为的争议。在国家层面上，关于著作权的相关法案越来越完善，也越来越具体。2018年，最高人民法院审判委员会第1755次会议讨论通过了《关于审查知识产权纠纷行为保全案件适用法律若干问题的规定》，这是在总结知识产权纠纷行为保全案件审查经验和借鉴域外类似制度基础上制定的，成为我国知识产权相关法规政策的重要组成部分。

作为研究者，我们密切地关注着现实，并从实践中汲取营养，提出问题，进行相关分析，以期与更多的人展开探讨，共同进步。希望本书的每一篇报告都可以成为传媒法治进程中的铺路石，不断推动社会文明的进步。

目 录 ▶

一、传媒制度与新技术传播规制

二、网络内容传播的监管

三、媒介与公民权利保护

一、传媒制度与新技术传播规制

制度修订推进政府信息公开与相应法律体系的完善

——国务院公布新修订的《中华人民共和国政府信息公开条例》

一、新修订的《中华人民共和国政府信息公开条例》之八大亮点及评析

2019 年 5 月 15 日起，首次修订的《中华人民共和国政府信息公开条例》（以下简称《条例》）开始施行。相比 2008 年 5 月 1 日起施行的原版《条例》，此修订版体量更大，将此前的 5 章 38 条规定内容扩充至 6 章 56 条，且内容更加细致、具体，更具可操作性，对于推进我国政务公开，保障人民群众依法获取政府信息，促进政府职能转变、建设法治政府，发挥了积极作用。

随着改革的深入和社会信息化的快速发展，原版《条例》在实施过程中遇到一些新情况、新问题，有必要修改完善。此次对《条例》的修订，坚决贯彻落实党中央、国务院全面推进政务公开的精神，加大政府信息公开力度，既在公开数量上有所提升，也在公开质量上有所优化；积极回应了人民群众对于政府信息公开的需求，体现了近年来政府信息公开工作的新进展、新成果；解决了实践中遇到的突出问题。《条例》修订的亮点包括：

（一）关于信息公开主体的修改

修订后的《条例》在原规定的基础上又进行了明确，即增加了"行政机关获取的其他行政机关的政府信息，由制作或者最初获取该政府信息的行政机关负责公开。法律、法规对政府信息公开的权限另有规定的，从其规定。行政机关设立的派出机构、内设机构依照法律、法规对外以自己名义履行行政管理职能的，可以由该

派出机构、内设机构负责与所履行行政管理职能有关的政府信息公开工作。两个以上行政机关共同制作的政府信息，由牵头制作的行政机关负责公开"的规定。这一条款明确了行政机关制作的和通过其他行政机关获取的两种不同来源的政府信息的公开主体，同时对派出机构、内设机构以及多个行政机关共同制定的政府信息公开主体进行了规定，既避免了上下级行政机关重复公开、错误公开的情况，同时也防止了多个行政机关对信息公开职责的推诿扯皮。

政府信息公开工作是行政机关众多职能中较为基础且工作较为烦琐的一个环节，全国各地各级行政机关每年都会收到数量庞大的政府信息公开申请，该《条例》的修改对提高政府受理申请的效率，以达到更高效便民的目的提供了制度上的保证，可使申请人能够在最短的时间内获取到所需的信息。

（二）扩大主动公开的范围和深度

新修订的《条例》在第20条进一步扩大了政府信息公开的范围，将机关职能、机构设置等，行政许可、行政处罚、行政强制的依据、条件等，公共卫生、安全生产、食品药品等的监督检查情况，公务员招录信息等十五类信息列入主动公开的范围，进一步贯彻政府信息公开理念，即对于具体的行政行为进行全流程完善，包括法律法规等依据、程序和结果的公开。在涉及具有较大影响的公共事务方面，包括规划计划、重大建设项目、政府财力使用、突发公共事件、环境保护、食品药品等各方面都列入主动公开范围。进一步强调和凸显《政府信息公开条例》的信息公开作用，加强社会公众的参与程度，提升行政透明和公开度。

除此之外，《条例》明确规定了"行政机关的内部事务信息，包括人事管理、后勤管理、内部工作流程等方面的信息，可以不予公开。行政机关在履行行政管理职能过程中形成的讨论记录、过程稿、磋商信函、请示报告等过程性信息以及行政执法案卷信息，可以不予公开。法律、法规、规章规定上述信息应当公开的，从其规定"，该规定有助于信息公开工作人员和司法机关更加准确地认定内部事务信息和过程性信息，明确了可不予公开的法定情形。

首先，这些"例外"设置的合理性在于行政机关内部事务信息是与其内部组织人事、后勤管理及工作流程相关的信息，此类信息并不直接影响行政相关人的权利义务；其次，行政机关的过程性信息是其在做出具体行政行为之前的不具有确定性的信息，公开此类信息会对社会公众产生不正确的导向；再次，行政执法案卷信息包含大量或涉及当事方隐私及商业秘密的内容，排除法律、法规、规章明确规定应当公开的部分，由行政机关决定是否公开有其合理性，且出于行政效率价值的考量，任意公布此三类信息也会对行政机关的正常工作产生不必要的影响。

(三) 明确"以公开为常态、不公开为例外"的原则

除《条例》规定不予公开的政府信息外，政府信息应当公开。不予公开的政府信息包括：依法确定为国家秘密的政府信息，法律、行政法规禁止公开的政府信息，以及公开后可能危及国家安全、公共安全、经济安全、社会稳定的政府信息；涉及商业秘密、个人隐私等公开会对第三方合法权益造成损害的政府信息（第三方同意公开或者行政机关认为不公开会对公共利益造成重大影响的予以公开）。《条例》同时规定，行政机关内部事务信息、过程性信息、行政执法案卷信息可以不予公开。《条例》明确了政府信息公开与否的界限，推动政府信息依法公开。

这一原则成为整个政府信息公开制度中的核心原则。中国社会经历了长期的封建专制统治，官民思想和保密文化有着非常深厚的根基，从立法理念和司法实践上来看，中国对于政府信息公开的传统均体现出"保密之下的公开"的原则。修订之前的《条例》中第9条到第12条运用了列举条文分别规定了各级人民政府应当主动公开的信息范围，这就意味着政府及其工作人员在考量时遵循的精神为：没有列入条文的信息可不予公开。而在实践中，因为各种原因，它们会尽量选择不公开，因此，此时的原则必然倾向于"不公开为主"，保护的天平更倾向于行政机关的利益。

无论是对行政机关还是对行政相对方，中国传统的理解会认为，政府的信息公开是权利而非义务。公民拥有申请信息公开的权利自然不用赘述，但是，就该制度本身而言，公开方即行政机关应当以义务为一般，也就是以公开为常态。这首先是保障公民知情权的需求，其次是对公权力的监督和制约的需要，再次也是市场经济发展之需要。行政机关作为海量信息的持有者，将可持续发展之信息投入市场中流通，能够打破信息垄断，发挥其促进作用。因此，将"坚持以公开为常态、不公开为例外"作为一项基本原则写进《条例》中，体现了我国立法工作对政府信息公开规定的基本理念和态度，为未来的实践工作指明了方向。

(四) 提升政府信息公开的在线服务水平

随着网络化、信息化的快速发展，政府服务"网上办、马上办"成为发展趋势。《条例》要求各级人民政府加强政府信息资源的规范化、标准化、信息化管理，加强互联网政府信息公开平台建设，推进政府信息公开平台与政务服务平台融合，提高政府信息公开在线办理水平；加强依托政府门户网站公开政府信息的工作，利

用具备信息检索、查阅、下载等功能的统一政府信息公开平台集中发布主动公开的政府信息。

这些规定明显带有与时俱进的色彩，也是大势所趋。互联网的发展势不可挡，公众在互联网上获取信息的渠道也越来越广，内容也越来越多，而其中谣言、流言以及虚假信息所占的比例也很大，它们产生的原因包括恶意的编造与发布，也包括因为信息的不对称、不透明导致的公众对"揣测性质"的信息的传播，这些信息必然带来政府与民众之间更大的信任危机。与其任由这些信息在互联网上肆虐，不如由行政机关主导信息的发布，告民众以真相，从而保证社会的稳定运行。这就需要行政机关的工作人员利用好互联网，将其看作与民众沟通的桥梁，与其"阻塞"不如"疏通"，在线拉近政府与民众的距离，取得百姓对政府的信任。

（五）取消依申请公开的"三需要"门槛，同时对不当行使申请权的行为予以规范

新修订的《条例》删除了过去《条例》第13条关于公民、法人或者其他组织申请获取相关政府信息需"根据自身生产、生活、科研等特殊需要"的限制条件，保障公民、法人或者其他组织依法获取政府信息的权利。同时，对于少数申请人反复、大量提出政府信息公开申请的问题，规定了不予重复处理、要求说明理由、延迟答复并收取信息处理费等措施；对于申请人以政府信息公开申请的形式进行信访、投诉、举报等活动的，行政机关应当告知申请人不作为政府信息公开处理并可以告知通过相应渠道提出。

原《条例》第13条的三类"特殊需要"是申请方申请公开信息在以公开为常态之限制下的二次限制，且"特殊需要"一词带有模糊性与不确定性。这样的语言设定了一个更加严苛的审查门槛，使得公开的可能性变小。修订后的《条例》取消了此条规定，扩大了申请方可申请公开的信息范围，为保障其知情权和其他权利提供了更多的可能性。在保障申请人的合法需要的同时，也限制了恶意申请人的不合理要求，在保障申请人权利的同时也保证了行政机关资源的有效利用，可见此次修改《条例》相关条款的考虑还是比较全面、具体的，当然，这也是为了解决旧有《条例》在实践过程中遇到的问题。

（六）完善了依申请公开的程序规定

明确了公开申请提出、补正申请内容、答复形式规范、征求意见程序、提交时间起算等内容，并要求行政机关建立健全政府信息公开申请登记、审核、办理、答

复、归档的工作制度，加强工作规范。

该条款可看作"三需要"条款取消后的新的限制性条款，在保障申请方权利的同时，也确保了行政机关工作的繁易程度，制止了恶意申请等无理行为。

"程序是法治和恣意而治的分水岭"，程序正义是法律所遵循的重要目标。修订后的《条例》对程序的着重规定不仅保证了相关规定的正义性，也确保了在实践中有法可依，有章可循，避免了《条例》被束之高阁的尴尬处境。

（七）进一步加大《条例》规定落实的监督保障力度

《条例》规定政府信息公开工作主管部门应当加强对政府信息公开工作的日常指导和监督检查，对行政机关未按照要求开展政府信息公开工作的，予以督促整改或者通报批评。县级以上地方人民政府的政府信息公开工作主管部门应当向社会公布本级政府上一年度政府信息公开工作年度报告，报告内容应包括工作考核、社会评议和责任追究结果情况。公民、法人或者其他组织认为行政机关在政府信息公开工作中侵犯其合法权益的，可以向上一级行政机关或者政府信息公开工作主管部门投诉、举报，也可以依法申请行政复议或者提起行政诉讼。

《条例》不仅规定了具体的实施方式，还追加了事后监督机制，可见制定者此次的决心，也说明在之前政府信息公开的实践中还是存在很大的问题，需要引入监督，从而达到《条例》制定之初希望达到的理想效果。

（八）强化便民服务举措，对于信息公开的收到时间与答复时间做了具体规定

要求各级人民政府在国家档案馆、公共图书馆、政务服务场所设置政府信息查阅场所；地方各级人民政府、对外以自己名义履行行政管理职能的县级以上人民政府部门（包括依照法律、法规对外以自己名义履行行政管理职能的行政机关设立的派出机构、内设机构）建立完善政府信息公开申请渠道，为公民、法人和其他组织获取政府信息提供便利；政府信息申请内容不明确的，行政机关应当给予指导和释明。

《条例》第 31 条明确规定"以平常信函等无需签收的邮寄方式提交政府信息公开申请的，政府信息公开工作机构应当于收到申请的当日与申请人确认，确认之日为收到申请之日；申请人通过互联网渠道或者政府信息公开工作机构的传真提交政府信息公开申请的，以双方确认之日为收到申请之日"，新《条例》通过双方确认的方式确定信息公开申请提交日期，既能督促申请人及时行使自己的权利，同时也

是对行政机关的一种保护。

修订后的《条例》充分考虑到了基层痛点，专门对答复时间进行了修改，规定"行政机关不能当场答复的，应当自收到申请之日起 20 个工作日内予以答复"且"行政机关征求第三方和其他机关意见所需时间不计算在前款规定的期限内"，将调查时间排除在 20 天时间之外可以充分减轻基层负担，使其有更加充分的时间进行调查研究，确保答复准确。

二、政府信息公开的法理基础

（一）主权在民理论

"主权在民"的内涵即国家最高层次的权力属于人民。让·博丹（Jean Bodin，约 1530—1596）在其所著的《共和国六论》中提出了具有近代政治学意义的主权学说，他认为主权是永恒存在的绝对权力，其最高性体现在除非是上帝的神意，否则其不受任何限制。这是近代主权理论的开端。其后，英国政治家、哲学家托马斯·霍布斯（Thomas Hobbes，1588—1679）发展了博丹的学说，他主张主权的决定性，认为主权应该凌驾于任何事物之上，甚至高于契约本身。其后，让-雅克·卢梭（Jean‐Jacques Rousseau，1712—1778）完成了其著作《社会契约论》，阐释了天赋人权的思想，认为每个人天生都是平等的、自由的，拥有的各种权利是上天赋予的，人们通过让渡自己的部分权利订立契约建立国家，国家即契约的结合体，而政府则是国家和人民之间的纽带，是国家行使公权力、维护社会秩序的手段，国家真正的主人是订立契约的人民。该理论推翻了君权神授说，认为公权力从来就不是神明所赋予的，而是人民所委托的，如此产生的公权力当然应为其权力来源服务，也就是为人民服务。

《中华人民共和国宪法》第 2 条规定："中华人民共和国的一切权力属于人民。人民行使国家权力的机关是全国人民代表大会和地方各级人民代表大会。人民依照法律规定，通过各种途径和形式，管理国家事务，管理经济和文化事业，管理社会事务。"这条规定从根本上保证了行政机关之权力来自人民并归属于人民。政府是信息的"管理者"而非"所有者"，那么，与民众切实利益有关的各项信息从来源上就有被公开的理由与必要性。从《宪法》到《政府信息公开条例》的相关规定应该都带有这一理论的影子。

（二）知情权理论

知情权的属性决定其权能分布非常广泛，而在公法领域中，公民、法人和其他组织对政府信息所享有的知悉、获取的权利是一项基本人权。芦部信喜在《宪法》人权部分的论述中将知情权描述为"兼有自由权的方面和请求权以及社会权方面的复合性质的权利"。谁掌握信息，谁就能创造出行使权利的可能性。

我国《宪法》并没有将知情权规定为公民的基本权利，在其他一般法律中也并无明确规定。它是随着公民权利意识的不断觉醒而充实扩大的权利，但从《宪法》其他条文的规定中可以提取到与知情权相关的法律依据。如：《宪法》第 2 条的人民"管理国家事务"之"管理"的前提是人民的"知情"；《宪法》第 3 条规定"受人民监督"之"监督"的根本在于人民的"知情"；还有《宪法》第 41 条规定的"批评""建议""申诉""控告""检举"的权利无一不是以知情权为基础才能够实现的。因此，虽然《宪法》中没有明确的知情权条款，但公民的知情权作为基本权利，是众多法条的根基。

（三）信息自由流通理论

信息自由流通理论与公民知情权的保护相辅相成。公民知情权的保护是信息自由流通的基础，而信息的自由流通促进了公民知情权的进一步实现。

信息的自由流通被认为是人权的重要组成部分，可追溯到 17 世纪欧洲的"意见自由流通"理念。1644 年，英国思想家约翰·弥尔顿在其向英国国会所做的演讲中第一次提出"出版自由"，其后的著作《论出版自由》详细阐述了这个观点：出版必须是人类与生俱来的自由，是一切自由中最重要的自由，是宗教自由与公民自由的前提。随后，霍布斯、洛克对"自由"的论点进行了改进。到约翰·密尔时有了更进一步的发展，其认为："不管意见是对是错，意见的自由表达都对真理的形成有好处。"

随着"意见自由流通"理念在民众中的深入发展，各国民众渴望国家制定相关法律法规以保证信息自由流通的呼声越来越高，例如，美国的《信息自由法》、瑞典的《出版自由法》等法律法规，开始登上历史舞台。美国学者 Foerstel 就美国《信息自由法》总结了五项原则，其第一、二条就是：信息公开是原则，不公开是例外；人人拥有平等获取信息的权利。随着法律的深入，各国开始在政府信息公开和保护公共利益之间寻求平衡。围绕《信息自由法》，美国相继颁布了《个人隐私法》《阳光下的政府法》《电子化信息公开法》《网络中立规则》等有关信息自由的法律。但有学者认为：以美国《信息自由法》为核心建立的相关规制只能说是部分成果，除非拥有对公开的切实保障。

三、中国政府信息公开制度的立法现状

在与《政府信息公开条例》相关的法律中，利害关系最为冲突的应属《保守国家秘密法》和《档案法》，《政府信息公开条例》的立法理念以公开为主，而《保守国家秘密法》和《档案法》的立法理念则以保密为基础。但究其根本，实际上它们涉及的范围是不相同的，而它们设计之初衷均是建立一个和谐有序的社会。政府在阳光下运行是一个美好的愿望，但这并不代表需要其百分之百透明，政府信息公开的立法必须为公共利益而服务。而保守国家秘密与保护公民个人隐私实际上也是为了保护大多数人的利益。

我国现行的《政府信息公开条例》与《保守国家秘密法》之间的状态显然是保密之下的公开，公开的力度还不够大。本文要强调一点，此公开不等于泄密。其理由包括：首先，泄密的"密"主要指国家秘密或商业秘密，而对于这两种秘密，国家法律都有相应的定义。《保守国家秘密法》第2条规定，"国家秘密是关系国家安全和利益，依照法定程序确定，在一定时间内只限一定范围的人员知悉的事项"。而《国家秘密定密管理暂行规定》对于"定密"的主体、程序以及内容实际上有严格的规定，除此之外的信息应该即可以认为与国家利益无重大关联，是国家默认可以自由流通的信息。而根据《反不正当竞争法》第9条："本法所称的商业秘密，是指不为公众所知悉、具有商业价值并经权利人采取相应保密措施的技术信息、经营信息等商业信息。"同时，《反不正当竞争法》还对非法使用他人商业秘密的个人或组织有明确的定罪标准，可见，即使有人泄密，得到商业秘密的人去使用这些秘密也是违法的，这就从源头和使用上进一步限制了非法使用商业秘密的行为。其次，"吹哨人"个人利益的鉴定应该成为事件定罪的原则之一，执法机关在判别是泄密还是"吹哨"行为时，应充分考虑信息发布者、传播者主观的目的及其对事物所拥有的认知及判断能力。最后，从法益的角度说，法益是法所保护的客体，是受法保护的一切利益。如果国家秘密或者商业秘密与公众利益背道而驰，该秘密是否应该受到法律的保护也有待商榷。

随着市场与公民个人保护意识的提高，商业秘密的保护与个人信息的保护确实有待立法加强，此次的政府信息公开制度立法研究，亦需要配套的法律体系建设，只有完备的法律规定才能使得社会运行的各个环节环环相扣，缺失任何一环节都会

造成其他部分陷入社会不信任的危机。因此，在推动政府信息公开的基础上，加强配套立法工作的展开是法律体系建设者需要继续做的事情。

四、中国政府信息公开制度的立法建议

公民行使言论自由的前提是要知情。知情权保障与政府信息公开是同一事物的两个方面。不知情，只能是没有意义地胡言乱语。只有知情权实现了，参与权、监督权才有实现的可能。而在现代社会，在大数据的支撑下，大量的信息掌握在政府手里，知情权的落地实际上也是"知政权"的落地，与这项公民权利对应的是政府公开信息的义务。政府信息公开成为现代政治文明的一种体现，已为各国所公认。在经历因信息封锁而蒙受惨痛损失的"非典"后，我国终于迈出了信息公开的第一步，颁布实施了《政府信息公开条例》，但该《条例》实施以来，遇到了不少问题。

新修订的《政府信息公开条例》使得人民群众参与公共决策、关心维护自身权益的积极性进一步提高，对政府信息公开的广度、深度提出了更高的要求，为之前有些行政机构存在的公开内容不够全面准确、公开深度不能满足群众需要等问题提供了解决的方向。同时，该《条例》的修订也说明之前依申请公开制度实施中遇到了一些问题，比如有的申请人向行政机关反复、大量提出信息公开的申请，或者要求为其搜集、整理、加工政府信息，占用了大量行政资源，影响政府信息公开工作的正常开展。

中国政府信息公开工作还处于起步时期，尚处于探索阶段，有些制度规定比较模糊，实践中常常会引发争议，需要进一步地调整与完善，在摸索中寻找适合我国国情的道路。以下是本文就该次修订的《政府信息公开条例》提出的一些意见与建议，供更多人思考。

（一）提升修订后的《政府信息公开条例》的法律位阶

"条例"是国家权力机关、行政机关依照政策和法令而制定并发布的，一般只是对特定社会关系做出的规定，是由国家制定或批准的规定某些事项或某一机关组织职权等的规范性法律文件，是从属于法律的规范性文件。

我国与信息相关的立法体系中存在权力制约与博弈的关系，平衡国家、社会与公民对信息的权益与需求，需要对上述法律法规进行立法上的协调，尤其需要在立法技术上，寻找信息领域中权力与权利、权力与制约、权利与救济等关系间的平衡点，而这不是单单一个条例就可以规范的。我国需要将《政府信息公开条例》上升

至法律层面，需要全国人民代表大会常务委员会制定并通过，将其与《保守国家秘密法》上升至一个层级，同时加快《个人信息保护法》的出台，使与信息相关的制度形成立法体系，尽量减少政府信息公开单纯由于立法位阶问题而受到的限制。

尽快制定《中华人民共和国政府信息公开法》是必然趋势，通过立法进一步完善我国信息公开制度，确立"以公开为常态、不公开为例外"的基本原则，细化政府信息公开的范围划分，引进更多网络数据技术创新公开方式，推进政府数据开放，统筹协调党务公开与政务公开制度，更好地服务于党和国家事业的发展。

（二）严格法律责任，建立责任到人的制度

对于公开主体一方即行政机关及其工作人员，最首要且最难的问题是转变他们的意识，使其放下权力本位的思想，将信息公开作为义务去服务于大众，并不断优化服务模式。

"服务型政府"作为一种执政理念已成为当下政府的执政趋势，其要求各级政府和官员必须树立"民本位、社会本位、权利本位"的思想，即人民是国家的主人，政府的权力来自人民的让渡，政府为人民服务是天职，人民的利益至上，政府必须全心全意为人民服务，实现社会公共利益的最大化。与此同时，政府还必须从一味强调按章办事和对特定"功能""权威""结构"的服从到强烈的当事人取向和对"使命""公众""成效"的认同，充分考虑公众的具体情况和需求。而传统管制型政府的理念则停留在"官本位、政府本位、权力本位"的思想基础上，政府利用公共权力主要是维护统治秩序和对社会实施管制，公众和社会的主导性和自主空间很少。政府信息的进一步公开实则是"服务型政府"理念的重要体现之一。

但是，仅有制度是不够的，需要在实践中将相应的政策落到实处。这就需要责任到人，以严格的法律责任避免工作人员的随意性和主观性，促进信息公开的有效开展。与此同时，在立法层面应该规定，应针对信息公开工作定期召开评议会议，由部门负责人进行工作报告，及时回馈公开效果，并对绩效进行考评，明确惩戒结果并予以公示。

在网络技术迅速发展的当下，互联网俨然已经成为民众监督政府的一大公共空间，但是，政府与民众的沟通常常出现"断片"问题，导致民众对政府的信任时涨时落。要维护政府在民众中的威信，保证政府的影响力，开诚布公，将政府的信息切实公开，以增进民众对政府的理解是必要步骤。只有在上优化顶层设计，对下将优良制度落实，才能让民众相信政府，相信"有法必依"，从而进一步推进中国的法治化进程。

（三）重视大数据在立法中的作用及其风险防范

新修订的《政府信息公开条例》回应了大数据时代的新要求，将其更多地体现在公开的方式、形式等方面，在立法过程中尽可能多地涵盖了更具技术性、现代性的执政方式，更为合理高效便民的公开方式，以及与数据爆炸、信息洪流现状相适应的公开形式。本文建议以立法形式具体规定，建立统一的政府信息公开平台，利用传统媒体和新媒体（如微博、微信公众号、微信小程序等）定期公开发行政府信息专刊；各地设立固定的政府信息公开网站，加强电子科技设备的引入，切实、"接地气"地将新媒体技术应用于执政中。

当然，信息安全是"立身之本"。政府作为信息、大数据的持有者，提高其安全防范能力是发展信息公开、提升行政水平的必要条件。中国政府数据开放工作起步较晚，相关的法律法规较为缺乏，还未形成一个完整的体系。所以，无论是修改《政府信息公开条例》还是正式启动立法程序，都要充分考虑到政府数据开放的方方面面。首先，制定规范政府网站安全性的法律与法规，明确中国政府数据安全的主管部门及其应承担的责任，对已开放的政府信息公开平台上的数据行为进行规范和约束，对于泄露国家机密、侵犯个人隐私、不合法的数据跨境流动等行为予以相应的刑事处罚等等。其次，现有机构要完善部门设置并明确其职责，结合当地政府数据开放平台的特点制定具有针对性的措施。

在立法之外，缓解行政机关之间数据信息分散管理和兼容性低的问题，应当给适应大数据时代的政府信息公开相关事项的发展以国家战略的层面考量，吸收专门研究大数据的学者和优秀的信息技术人员组成工作团队，加大投入，建立全国统一的信息公开电子平台，打破行政机关之间的信息孤岛状态，将分散的数据信息以技术进行整合，提高其共享的效率和效益，推动社会发展，开创出一个随大环境而发展的全新的政府信息公开时代。

参考文献：

［1］芦部信喜. 宪法［M］. 高桥和之，补订. 林来梵，凌维慈，龙绚丽，译. 北京：清华大学出版社，2018：261-262.

［2］丹尼斯. C. 缪勒. 公共选择理论［M］. 杨春学，等译. 北京：中国社会科学出版社，1999：305.

［3］姜华. 从良心自由到出版自由：西方近代早期新闻出版自由理念的形成及演变. 新闻与传播研究［J］，2013（8）.

［4］Foerstel，H. N.. Freedom of information and the right to know［M］.

Westport，Conn.：Greenwood Press，1999：125.

[5] 斯蒂格利茨. 自由、知情权和公共话语：透明化在公共生活中的作用 [J]. 宋华琳，译. 环球法律评论，2002（3）.

[6] 最高人民法院微信公众号. 治理有关新型肺炎的谣言问题，这篇文章说清楚了！[EB/OL]. （2020 - 01 - 28）［2020 - 02 - 06］. http：//www. chinanews. com/gn/2020/01 - 28/9072188. shtml.

[7] 孙胜子. 政府信息公开立法研究 [D]. 太原：山西大学，2019.

从知识产权纠纷保全规定看中国知识产权保护在司法实践中存在的问题与发展

——《最高人民法院关于审查知识产权纠纷行为保全案件适用法律若干问题的规定》

2018 年 11 月 26 日，最高人民法院审判委员会第 1755 次全体会议讨论通过了《最高人民法院关于审查知识产权纠纷行为保全案件适用法律若干问题的规定》（法释〔2018〕21 号，以下简称《行为保全规定》）。《行为保全规定》共有 21 条，自 2019 年 1 月 1 日起施行。《行为保全规定》是在总结知识产权纠纷行为保全案件审查经验和借鉴域外类似制度基础上制定的，主要内容包括申请主体、管辖法院、审查程序、保全必要性的考量因素、保全措施的效力期限、申请有错误的认定及保全措施的解除等。

《行为保全规定》是为正确审查知识产权纠纷行为保全案件，及时有效保护当事人的合法权益而制定的，其制定基础是《中华人民共和国民事诉讼法》《中华人民共和国专利法》《中华人民共和国商标法》《中华人民共和国著作权法》等有关法律规定，并结合了审判与执行工作的实际。

一、《行为保全规定》的制定背景和必要性

2001 年我国加入世界贸易组织后，根据《与贸易有关的知识产权协议》（以下简称 "TRIPS 协议"）的相关规定，在后来修订《专利法》、《商标法》和《著作权法》等知识产权法律时，增加了行为保全的规定，即权利人和利害关系人有证据证明他人正在实施或者即将实施侵权行为，如不及时制止将使其合法权益受到难以弥补的损害的，可以在起诉前向法院申请采取责令停止有关行为的措施，并规定了申请条件和审查标准、解除条件等。但因为证据或行为无法保全的问题依然很严重，2002 年，时任最高人民法院民三庭庭长的孔祥俊在谈及设置知识产权诉前行为保

全的必要性时曾指出："诉讼救济固然是保护知识产权的重要手段，但限于我国司法实践水平与诉讼固有的滞后性，如果等到法院做出判决以后再对侵权行为人追偿常收效甚微，因此，知识产权诉前行为保全将成为防止和惩治知识产权侵权行为最有效的手段。"

2001年6月、2002年1月最高人民法院先后颁布了《最高人民法院关于对诉前停止侵犯专利权行为适用法律问题的若干规定》和《最高人民法院关于诉前停止侵犯注册商标专用权行为和保全证据适用法律问题的解释》（以下统称为"两个诉前停止侵权司法解释"）。可以说在2012年修订的《民事诉讼法》施行之前，行为保全除了《中华人民共和国海事诉讼特别程序法》规定的"海事强制令"外，主要在知识产权领域适用，即诉前责令停止有关侵犯知识产权行为的措施。

知识产权侵权案件有其特殊性，我国目前的知识产权侵权的相关案件常出现因为证据不足或侵权行为的"稍纵即逝"性导致的对原告不利的结果，导致最终无法保护真正的相关利益人的利益。据不完全统计，2013—2017年五年间，全国法院分别受理知识产权诉前停止侵权和诉中停止侵权案件157件和75件，裁定支持率分别为98.5%和64.8%。知识产权行为保全案件虽然数量较少，但行为保全措施能够使知识产权在受到侵害时获得及时救济，该项制度越来越受到知识产权权利人以及其他经营者的重视，许多案件也备受社会关注。

知识产权案件审理的一般思路首先是确定权利，即确定原告是否有权主张权利，解决原告主体是否适格的问题。而此步骤中常常遇到的问题包括：其一，原告要求保护的权利是什么；其二，原告要求保护的权利是否构成相关知识产权专门法规定的权利；其三，原告是否有权主张权利。其次是侵权认定。在原告有权主张权利的情况下，依次固定被控侵权行为、确定该行为是否为被告所实施、根据各专门法侵犯认定的原则（如著作权法中"接触 ＋ 实质性相似 ＋ 排除合法来源"）对被控侵权行为是否构成侵权进行审查和认定。最后是厘清责任，即在被告实施了侵权行为的情况下，既要根据案件具体情况决定保护的强度，又要适当考虑社会公众的利益，从而合理确定被告应承担的侵权责任。上述三个步骤应顺次进行，不能跳跃亦不能颠倒，在前一个步骤涉及的问题未解决的情况下，不应进入下一个问题的审查。如经审理认为原告主张的权利不存在或原告无权主张相关权利，则后面两个步骤在裁判中可以不再做出审查认定，但经审理认为原告主张的侵权行为并非被告实施或该行为未侵犯原告的权利，仍应在裁判中先对原告是否有权主张相关权利的问题进行司法确认。在以上三步中，证据与行为的保全起到了至关重要的作用。

随着社会经济的发展和法律观念的转变，保全措施变得越来越重要。民事救济措施经历了从事后制裁性救济措施即实体裁判到事前预防性救济措施即民事保全的转变。就民事保全制度的起源来看，其最初的立法目的是保障判决的执行，财产保全是保障判决执行的主要方式；随着人类社会民事权利、交易类型的增多和在此基础上纠纷类型的增多，特别是有些民事权利一旦被侵害，对当事人的损害往往是金钱难以弥补的，这时就需要采取及时制止侵害行为等事前预防性救济措施，保全的目的也就从保障判决的执行发展到暂时满足权利以及时救济权利、避免当事人的损害。在我国，在《民事诉讼法》已经规定了财产保全的基础上，理论界提出了同位阶的行为保全概念，并将其界定为责令债务人作为或者不作为的临时性救济措施，行为保全与财产保全共同构成了完整民事保全制度。2012 年修订的《民事诉讼法》第 100 条和第 101 条吸纳了民事诉讼理论的发展，新增关于诉前和诉中行为保全的规定，在所有民事领域建立了行为保全制度。在英美法国家，与行为保全类似的概念包括临时禁令、临时限制令、初步禁令等。在德国、日本、韩国和我国台湾地区等大陆法系国家或者地区，使用了"保全"这一更上位的概念，其下位分类为假扣押与假处分，并未区分为财产保全与行为保全，其中与行为保全相类似的是假处分，假处分又分为关于系争物的假处分和确定暂时状态的假处分。

2012 年修订的《民事诉讼法》施行后，知识产权权利人或者其他经营者依据该法关于行为保全的新规定申请行为保全措施的许多案件也备受社会关注。例如：2012 年底，广州医药集团有限公司申请责令广东加多宝饮料食品有限公司不得使用"王老吉改名为加多宝"及其他类似广告语；2013 年，美国礼来公司申请责令其离职员工不得披露、使用或者允许他人使用从其处获取的 21 个商业秘密文件；2016 年，浙江唐德影视股份有限公司申请责令上海灿星文化传播有限公司等停止将其知名服务的特有名称"中国好声音"等作为节目名称使用。此外，还有如下内容的保全申请：因专利申请权权属纠纷而申请禁止处分专利申请权；因网络不正当竞争行为而申请禁止恶意链接等妨碍合法服务的提供的网络产品；传播公司以其唯一享有某体育赛事场地拍摄权为由申请禁止竞争对手展示、提供下载和对外销售相关赛事图片；因网络游戏被许可给不同当事人，在先被许可人申请责令权利人停止向任何第三方进行涉案网络游戏改编权授权；因域名权属、侵权纠纷申请责令禁止被申请人转移相关域名；申请立即停止使用客户名单等商业秘密；申请禁止被申请人直播及点播体育赛事；申请立即停止虚假宣传等不正当竞争行为；等等。上述行为保全申请涉及不正当竞争、信息网络传播权以及知识产权合同、权属纠纷等领域。司法实践证明，行为保全对于有效保护知识产权、及时制止不正当竞争具有重要作用，该项制度因此也越来越受到知识产权权利人以及其他经营者的重视。伴随着我国科技的进步和高新技术产业的发展，全国每年受理的知识产权民事案件逐渐增多，但是全国受理的知识产权行为保全案件的情况却呈现相反的特点：全国每年受理的知识产权行为保全案件的总量始终徘徊于一个较低水平。此外，在我国引入知识产权行为保全制度的前期，国内对其保有较高的"热情"，相关案件的受理量与支持率都呈现逐年上涨的趋势，但是，经历一段时期的司法实践后，尤其是近年来，相关案件的受理量和支持率都呈下降趋势，这和我国知识产权行为保全在司法实践中呈现出的诸多法律问题不无关系。

二、我国知识产权司法实践目前存在的问题

主体是诉讼启动的根本，无主体则无诉讼。而权利是诉讼的核心，无权利则无诉求。案件审理过程中，在知识产权的相关案件中，主体查明和权利确定方面主要存在以下问题：

一是原告在侵权行为发生时是否享有相应的权利未审查。侵权案件中，审查原告是否享有相应的权利是侵权认定及责任承担的先决要件，尤其在原告主张的权利是继受权利的情况下更应严格审查。如在甲公司诉乙公司商标侵权案件中，一审法院在对甲公司主张保护的继受取得的3个商标何时受让、受让的是申请权还是商标权、权利时间界限都没有查清的情况下即做出侵权认定，认定事实不清。二审查明，甲公司在侵权行为发生时并不享有这3个商标权，而乙公司显然不会侵犯其在侵权行为发生时不享有的权利。

在这个问题中还有一个最主要的原因即文化的差异，我国文化中"包容""共享"的思想根深蒂固，而对于如拥有著作权等知识产权的文章，民众会想当然地认为其本应该具有"共享"的性质，根本不会思考某些行为是否会涉及侵权的问题。《信息封建主义：知识经济谁主沉浮》一书也指出："历史的经验告诉我们：国家的发展是通过反向工程和模仿他人的生产来实现的。学习和竞争是建立在模仿竞争对手的行为、产品和工艺这些复杂过程的基础之上的。作为个体，我们通过观察和模仿他人来提高自己。文化和技术创新依赖这些模仿过程。"对于什么行为是知识产权法中的侵权实际上有很大的争议，而传统观念中太多的"理所应当"，常常导致原告本身无太多的取证意识，而被告"被告"后常常也是一头雾水。

二是被告主体是否存在未查明。在中石化某分公司诉刘某、某加油站侵害商标权案件中，作为个体工商户的某加油站在起诉前就已经被注销，一审法院仍判令其承担侵权责任，造成乌龙事件。再比如2019年视觉中国的"黑洞事件"后，网友

们对视觉中国这个以视觉内容的生产、传播和版权交易为核心的互联网科技文创公司产生了兴趣，网友们在刨根问底中发现，视觉中国几乎以著作权侵权之名状告过中国大多数知名媒体公司、集团，而且拥有不俗的"战绩"。视觉中国也公开表示，虽然最终通过法庭诉讼生效判决获得的赔偿金额不超过主营收入的1%，但大多数客户会在诉讼判决前与其达成和解，成为长期合作客户。其中原因之一即被告无法留存足够的证据，这也进一步说明受众的侵权与被侵权的意识并不强或者说根本没有把此类事件当作问题。

三是诉讼代理人的资格认定错误。对相关社会团体推荐的诉讼代理人应严格审查其代理资格，如"非营利性法人组织"并非社会团体，其所推荐的公民不能作为可委托的诉讼代理人参加庭审，但在侯某诉邱某著作权合同纠纷案中，邱某委托的诉讼代理人系由非法人组织推荐，侯某当庭对该代理人的代理资格提出异议，一审法院当庭回应该代理人代理资格符合开庭条件，并对该案进行了开庭审理。可见，不仅受众对谁有资格成为诉讼代理人并不是很了解，相关司法机构对这个问题有时也不是很清楚。

因此，行为的保全是留存证据、保证司法审判的持续推进的重要环节。

三、对《行为保全规定》的原则与相关规定的评析

鉴于行为保全措施对当事人利益影响重大以及不同领域的知识产权纠纷各有不同，为保证《行为保全规定》的稳妥可行，此次颁布的规定从内容上看坚持了以下三个原则：

是坚持及时保护与稳妥保护兼顾原则。相对于物权客体而言，知识产权客体不具有独占性，受到侵害后难以恢复原状，即便知识产权权利人经过诉讼赢得官司，却可能早已丧失市场竞争优势，或者商业秘密信息已经泄露。为充分及时有效保护知识产权等合法权益，《行为保全规定》一方面关注实现行为保全申请审查程序的便捷、快速，如第6条明确了"情况紧急"的认定；另一方面，为防止申请人滥用诉权申请行为保全进行不正当竞争或者损害公共利益，也明确了审查行为保全申请的考量因素、申请有错误的认定采用客观归责等内容。

《行为保全规定》第7条至第10条是关于行为保全必要性考量因素的规定，其中第7条是需要考量的所有因素，第8条至第10条是对第7条中相关因素的进一步解释。由于在诉讼尚未启动或者案件尚未审理终结之前，人民法院难以判断一方当事人的行为是否构成侵权，因此该因素被有意无意地解释为侵权可能性或者胜诉

可能性。《行为保全规定》第7条第（1）项将该因素规定为"申请人的请求是否具有事实基础和法律依据，包括请求保护的知识产权效力是否稳定"。在司法实践中判断申请人的请求是否具有事实基础和法律依据，主要还是判断申请人的请求是否具有胜诉可能性。考虑到行为保全裁定属于程序性裁定，而且《民事诉讼法》第100条和第101条规定本身也含有可能的因素，因此，适用《行为保全规定》审查行为保全申请时，对于胜诉可能性的程度把握达到优势可能性即可。此外，第（1）项因素中的"包括请求保护的知识产权效力是否稳定"适用于申请行为保全旨在保护知识产权或者其依据是知识产权的情况，如申请责令停止侵害知识产权，应当考虑请求保护的知识产权效力是否稳定。《行为保全规定》第8条进一步规定了在审查判断知识产权效力是否稳定时应当综合考量的具体因素。对于旨在维护公平竞争秩序而非保护知识产权的行为保全申请，无须考量也无法考量知识产权效力是否稳定。

第（2）项因素，即"不采取行为保全措施是否会使申请人的合法权益受到难以弥补的损害或者造成案件裁决难以执行等损害"。该因素是对《民事诉讼法》第101条规定的诉前保全的前提条件（使申请人的合法权益受到难以弥补的损害）和《民事诉讼法》第100条规定的诉中保全的前提条件（使判决难以执行或者造成当事人其他损害）的合并概括规定。其中，案件裁决不仅包括法院判决，还包括仲裁裁决。

第（3）项因素，即"不采取行为保全措施对申请人造成的损害是否超过采取行为保全措施对被申请人造成的损害"。早在2005年，最高人民法院就关注如何处理好诉前责令停止侵权行为与防止权利滥用之间的平衡问题，注重考量不采取禁令对申请人造成的损害是否会严重于采取禁令可能对被申请人产生的损害。对双方当事人利益进行衡量也是美国、英国在采取临时禁令时的考量因素之一。我国《澳门民事诉讼法典》第332条关于保全措施的相关规定要求，如保全措施对声请所针对之人造成之损害明显大于声请人欲透过该措施予以避免之损害，则法院仍得拒绝采取该措施。人民法院在知识产权侵权纠纷中判决停止侵权时也会衡量双方利益得失。在总结司法实践经验和借鉴域外制度的基础上，《行为保全规定》第7条第（3）项规定了双方利益的衡量这一考量因素。

第（4）项因素，即"采取行为保全措施是否损害社会公共利益"。该因素已经为最高人民法院《关于当前经济形势下知识产权审判服务大局若干问题的意见》（法发〔2009〕23号）所明确。该意见指出，人民法院应当严格审查被申请人的社会公共利益抗辩，一般只有在涉及公众健康、环保以及其他重大社会利益的情况下才予考虑。

《行为保全规定》第9条是关于依据实用新型和外观设计专利权申请行为保全相关要求的规定。在我国现行专利审查制度中，实用新型和外观设计专利均不经过实质审查，容易被他人向专利复审委员会请求宣告无效，因此其效力稳定性差。基于此考虑，《行为保全规定》第9条对依据此两类专利权申请行为保全提出特殊要求，即提交相关检索报告、专利权评价报告或者专利复审委员会维持该专利权有效的决定。这样可以防止相关专利权人滥用权利申请行为保全。

《行为保全规定》第10条是关于如何认定难以弥补的损害的规定。最高人民法院《关于当前经济形势下知识产权审判服务大局若干问题的意见》（法发〔2009〕23号）曾经提出明确要求："在认定是否会对申请人造成难以弥补的损害时，应当重点考虑有关损害是否可以通过金钱赔偿予以弥补以及是否有可执行的合理预期。"《行为保全规定》第10条在总结司法实践经验的基础上列举了在知识产权与不正当竞争纠纷行为保全案件中属于难以弥补的损害的情形，其中：第（1）项具体情形是被申请人的行为将会侵害申请人享有的商誉或者发表权、隐私权等人身性质的权利且造成无法挽回的损害，该情形主要是指金钱赔偿无法弥补的情形；第（2）项与第（3）项具体情形分别为被申请人的行为将会导致侵权行为难以控制且显著增加申请人损害与被申请人的侵害行为将会导致申请人的相关市场份额明显减少，此两项情形往往导致申请人市场竞争优势或者商业机会的严重丧失，虽然可以通过金钱予以赔偿，但是申请人的损失非常大或者非常复杂，以至于无法准确计算其数额，也属于难以弥补的损害；第（4）项情形属于兜底情形，可以在具体案件中进行探索予以明确。

可见，《行为保全规定》根据知识产权案件的复杂性，对客体的保全做了及时性的规定，但法律要确保公正、公平，不出现不必要的错误，就要兼顾司法实践的稳妥，欲速则不达，该规定努力在二者之间寻求着平衡。

二是坚持分类施策原则。即区分知识产权的不同类型，妥善采取行为保全措施。由于著作权、专利权、商标权等不同权利产生的基础和条件不同，在判断是否采取保全措施时应当有不同的要求。例如，对于涉及著作权、商标权的行为保全案件，事实清楚、证据充分的，应及时采取有效措施制止侵权，降低权利人的维权成本；对于侵害专利权等案件需要进行较为复杂的技术比对才能做出判定的，应慎重采取行为保全措施，以维护企业的正常经营。《行为保全规定》第6条关于"情况紧急"的认定、第8条关于"知识产权效力是否稳定"的审查判断、第10条关于"难以弥补的损害"的认定，均考虑了知识产权的类型或者属性，第9条更是对依据不经过实质审查的实用新型专利、外观设计专利申请行为保全提出了更为严格的要求。

　　除了对知识产权的不同类型做了全面的关于保全行为的考量，《行为保全规定》对于不同类型的保全行为也做了相应的具体规定。其第 11 条第 1 款规定："申请人申请行为保全的，应当依法提供担保。"上述规定中的"依法"，首先是指依据《民事诉讼法》第 9 章有关保全申请中申请人提供担保的规定，如《民事诉讼法》第 101 条明确要求申请诉前保全应当提供担保，而《民事诉讼法》第 100 条关于申请诉中保全的规定只是要求人民法院可以责令申请人提供担保；其次是指其他法律法规或者司法解释对提供担保有要求的，申请人也应当遵守。

　　《行为保全规定》第 11 条第 2 款是关于如何确定申请人提供的担保数额的规定，该规定是执行 TRIPS 协议要求的具体体现。TRIPS 协议第 50 条第 3 款规定，司法当局应有权责令申请人提供足以保护被申请人和防止申请人滥用权利的诉讼保证金或提供与之相当的担保。上述要求实际上明确了申请人提供的担保是为了在此后申请保全被认定为有错误的情况下赔偿被申请人因执行行为保全措施所遭受的损失。两个诉前停止侵权司法解释第 6 条关于担保范围的规定已经体现了上述要求的精神。《行为保全规定》第 11 条第 2 款规定明确了确定行为保全申请人应当提供的担保数额的基本原则，即要求申请人提供的担保数额，应当相当于被申请人可能因执行保全措施所遭受的损失。其中，在请求停止侵害知识产权的行为保全申请中，此类损失即责令停止侵权行为所涉产品的销售收益、保管费用等合理损失。

　　三是坚持前瞻性与现实可行性相结合原则。《行为保全规定》在总结我国知识产权行为保全实践经验以及遵守 TRIPS 协议、借鉴域外相关制度的基础上，对两个诉前停止侵权司法解释以及《民事诉讼法》有关行为保全的规定予以发展完善，提供了更加切实可行的标准。随着我国与世界在贸易、金融等各方面的关系越来越紧密，相关的知识产权案件也会逐渐增多，特别是跨国案件也会随之增多，因此，该规定注意到司法解释的前瞻性和现实可行性。对于司法实践中亟须解决的问题，在充分论证的基础上予以明确。如根据《行为保全规定》第 5 条的规定，采取行为保全措施应当以询问为原则，以不询问为例外。《行为保全规定》第 16 条则明确了申请有错误的认定采用客观归责原则。对于司法实践中欠缺案例支撑或者可能有较大争议的问题，如反垄断纠纷引发的行为保全案件中难以弥补的损害的认定以及反垄断纠纷中原告败诉对于申请行为保全有错误的认定的影响等问题，《行为保全规定》未做具体规定，人民法院可以根据《行为保全规定》的总体精神在将来的具体案件中继续进行探索。

　　根据以上三原则，《行为保全规定》在程序规则（申请主体、管辖法院、申请书及载明事项、审查程序、复议等方面）、实体性规则（行为保全必要性的考量因素、行为保全措施的效力期限等内容）、行为保全申请有错误的认定及因申请有错误引发的赔偿诉讼的管辖、行为保全措施的解除、申请不同类型保全的处理、申请费等方面都做出了具体、明确的规定。

与知识产权相关的法律首先要考虑的问题即平衡公共利益与私人权利之间的关系，《行为保全规定》是最高人民法院在认真总结审判实践经验、完善行为保全制度、加大知识产权保护力度方面采取的重要举措。该司法解释的发布和实施，对于促进科技创新、文化繁荣、诚信经营以及正当竞争将发挥重要的积极作用。

参考文献：

[1] 孔祥俊. WTO 知识产权协定及其国内适用 [M]. 北京：法律出版社，2002：403.

[2]《最高人民法院关于审查知识产权纠纷行为保全案件适用法律若干问题的规定》新闻发布会 [EB/OL]. (2018-12-12) [2020-02-26]. https://www.chinacourt.org/index.php/article/detail/2018/12/id/3606355.shtml.

[3] 彼得·达沃豪斯，约翰·布雷斯韦特. 信息封建主义：知识经济谁主沉浮 [M]. 刘雪涛，译. 北京：知识产权出版社，2005：2.

[4]"买下"黑洞的视觉中国道歉了 但官网崩了 [EB/OL]. (2019-04-11) [2020-03-08]. http://finance.sina.com.cn/chanjing/gsnews/2019-04-11/doc-ihvhiqax1879611.shtml.

[5] 宋晓明，王闯，李剑，等.《关于知识产权法庭若干问题的规定》的理解与适用 [J]. 人民司法，2019 (7).

个人信息保护与使用之间的边界
——以中国近年对于 App 的整治行动为例

　　根据《中国互联网络发展状况统计报告》数据，截至 2019 年 12 月末，中国国内市场上监测到的应用程序（App）数量为 367 万款。而 2018 年中国 App 用户下载量已经接近全球总量的 50%，大多数人拥有 100 款 App，使用 App 的数量峰值是 40 个左右。与快速增长的 App 产业相伴而生的是这些 App 在为用户提供便利的同时出现的问题。研究表明，多数 App 在隐私保护问题上仅达及格水平甚至更低，随着各种问题的暴露，App 行业的种种乱象受到舆论界、学界、业界的关注，对 App 乱象的整治也受到监管部门的重视。

　　为落实《网络安全法》《消费者权益保护法》的要求，保障个人信息安全，维护广大网民合法权益，中央网信办、工业和信息化部、公安部、市场监管总局决定，自 2019 年 1 月至 12 月，在全国范围内组织开展 App 违法违规收集使用个人信息专项治理行动。

　　在信息社会里，个人信息既是促进经济发展的资源，也是推动社会整合、制度变迁的动力，因而对个人信息的过度保护可能会阻碍信息的有效流动和功用发挥，但如果保护不足又将导致个人信息被滥用，引发诚信危机。因此，对个人信息如何保护、如何合理利用、如何把握好其中的边界成为众所关注的问题。

一、法律法规对于个人信息保护的相关规定

　　《网络安全法》第 76 条第 5 款明确了公民个人信息的概念，即指以电子或者其他方式记录的能够单独或者与其他信息结合识别自然人个人身份的各种信息，包括但不限于自然人的姓名、出生日期、身份证件号码、个人生物识别信息、住址、电

话号码等。判断是否构成个人信息的核心标准和兜底规则是，凡能够单独或者与其他信息结合识别自然人个人身份的信息，即使没有在法律条文中列举出来，也属于个人信息。

《全国人民代表大会常务委员会关于加强网络信息保护的决定》《刑法修正案（七）》《刑法修正案（九）》《网络安全法》都对侵犯公民个人信息的行为进行了界定。《民法总则》第111条对侵犯公民个人信息的行为进行了规定。其中，"不得非法收集、使用、加工、传输他人个人信息"，也就是任何没有得到法律授权、个人信息主体同意的收集、使用、加工、传输他人个人信息的行为都是非法行为，为法律所禁止。得到个人信息主体同意或者得到法律授权的收集、使用、加工、传输他人个人信息行为，则不是非法行为，不为法律所禁止。同时，《民法总则》还规定了不得非法买卖、提供或者公开他人个人信息，也就是说合法的交易或者提供他人个人信息不应被禁止。除此之外，《未成年人保护法》《妇女权益保障法》《执业医师法》《商业银行法》《律师法》《邮政法》《互联网安全保护技术措施规定》《个人信用信息基础数据库管理暂行办法》《政府信息公开条例》等相关领域法律都有对个人信息保护的直接或间接规定。可见，我国关于个人信息保护的相关条文还是比较多的。

但上述罗列的法律条文中也存在问题：第一，这些相关的法律条款并不集中于一部法律中，而是分散在不同的部门法律及规章里，碎片化的痕迹非常严重，无法成为体系。第二，其中很多法律内容较空，有一些带有宣示性质、口号性质，还有一部分只是下了一个定义，且这个定义并不非常清晰。就目前的形势看，传统个人信息保护制度的架构已落后于大数据时代发展的需求，它既无法为用户隐私提供有效的保护，又严重掣肘信息经济时代数据红利的释放。因此，时代亟待完善个人信息保护的相关规制，同时建立个人信息合理使用的相关制度。在一定条件下，在保护他人的个人信息不受不法侵犯的同时，还能以合法的、公共利益为目的，不经信息权利人的许可，不必向其支付报酬而对公民个人信息合理使用。那么，如何做到两者的平衡即成为业界与学界讨论的重点。

二、大数据时代的个人信息及其保护

准确定义个人信息不仅有助于专家学者的法律研究，还可以指导中国个人信息保护法的立法。

纵观世界各国与国际间组织及地区的个人信息保护法，大多数法条在一开始即对个人信息的概念有明确界定，但是，对比众多定义可以发现，个人信息的定义在传统架构中还是面临边界模糊、界定困难的窘境，同时，根据不同的法律体系传统以及各自的历史人文习惯，各国或是地区在立法时对个人信息的定义并不太一样。有学者统计过，全球有50多个国家和地区颁布了个人信息保护法，各国或是地区在法律中对个人信息的称谓并不相同，有称"个人数据"的，还有称"个人资料""个人隐私""个人信息"的等等。同时由于个人信息包含的范围太广泛，所以，为了确定个人信息保护法的调整范围，有必要从法律意义上明确个人信息的含义，以此来对个人信息保护法的调整范围做出清晰的确认。

理论界目前有三个代表性的定义：第一种观点认为个人信息包括人之内心、身体、地位及其他关于个人之一切事实、判断、评价等所有信息。换言之，有关个人之信息并不仅限于个人之人格或私生活有关者，个人之社会文化活动、为团体组织中成员之活动及其他与个人有关联性之信息，全部包括在内。第二种观点以美国Parent教授为代表，其认为个人信息指社会中多数人所不愿向外透露者（除了对朋友、家人等之外）；或是个人极敏感而不愿他人知道者（如女性中大多数不愿意让他人知道自己的体重）。此定义带有很强的"日常色彩"。第三种观点即齐爱民等学者认为的，个人信息指自然人的姓名、出生月日、财务情况、身份证号码、户籍、遗传特征、指纹、婚姻、家庭、教育、职业、健康、病历、社会活动及其他可以识别该个人的信息。对比三者，第一种定义过于宽泛，其中的"一切"涵盖面过于广泛；第二种定义的范围又过于狭窄，其罗列并不完全；第三种介于第一、二种之间，却又因为罗列过于具体，不免给人以啰唆感。而且随着技术的发展，民众权利意识的增强，关于个人信息的内容必然会发生变化。

正是由于个人信息定义的复杂性、不确定性与"因人而异"性，导致其在立法与实践中存在意见不统一、具体规则难以确定的困难，这可能也是我国目前尚未制定专门的个人信息保护法律的原因。

特别是在这个大数据时代，信息的共享成为社会发展的主流，成为市场经济的必需，相比较，个人信息的保护将更加艰难，但也更加受到重视。

通过历史的梳理可发现，美国法更注重个人信息的利用，以促进数据产业的发展，而欧盟则更注重个人信息权利的保护。但美国法与欧洲法出现了共同的趋势，即在数据的开发、共享中普遍重视对个人信息的保护。信息数据的收集、开发和利用应当以保护个人信息权利和隐私权为前提，忽视个人信息权利和隐私权保护的数据收集和开发行为就像一颗不定时炸弹，将对个人权利保护构成极大威胁。之所以在大数据时代、在数据共享成为推动社会发展必不可少的动力之时，还要强化对个人信息的保护，一个很重要的原因在于维护个人对其信息的支配，维护私法自治，维护个人的人格尊严。因此，在数据开发中应当注重对个人信息的保护，要在坚持保护个人信息基本权利的前提下，促进个人信息的合理使用，在个人信息保护与信息共享间寻找到平衡点，实现个人权利的保障与社会发展的共进。

三、个人信息的合理使用

上文强调个人信息保护的重要性是因为信息的共享已成为时代发展的趋势，而在这种趋势下，我们应该照顾"弱势"，努力在各种权利中寻找平衡，而个人信息的合理使用正是个人信息保护与信息共享之间所追求的平衡点。

（一）个人信息合理使用的意义

对个人信息的合理使用是数据流通和使用的现实诉求，彰显了时代价值。在大数据时代背景下，保护个人信息，不等于禁止个人信息的使用、开放和共享。在数据使用高需求的大数据产业背景下，禁止个人信息的使用、开放和共享无疑会扼杀信息社会进一步发展的可能性。个人信息保护法应然地具备保护个人信息的目的，除此之外，个人信息保护的目的还在于促进个人信息的合法流通和使用。例如，台湾地区的相关规定就紧扣时代主题，其《个人资料保护法》将保护个人信息和促进个人信息的合理使用、流通作为立法的双重目的。在人类逐渐步入大数据时代时，理清个人信息保护与使用之间的关系，找到平衡两者利益关系的方法和原则，将影响整个信息社会发展的方向、深度和广度。保护个人信息不被非法获取、使用的重要性自不待言，而从促进数据使用的角度看个人信息保护，也是从大数据时代的发展眼光去看待个人信息保护问题，是大数据时代个人信息保护立法的应有态度，即强调数据的合理使用。

同时，个人信息的合理使用还体现了平衡论的视角。和人格尊严与自由一样的信息自由（information freedom）也是构建个人信息制度的重要价值向度。其基本内容是公民自由获取、持有以及传播信息。根据 1946 年 12 月联合国大会第 59 号决议，"信息"来源于经济、政治、文学艺术以及科学研究等各个领域，后来联合国以及一些国家与地区将信息自由权确立为公民的一项宪法权利[①]。该权利得以确立的理论依据之一是霍布斯、黑格尔等学者关于社会契约论的讨论。根据该理论，

---

① 参见《公民权利与政治权利国际公约》第 19 条，《世界人权宣言》第 19 条，《欧洲人权公约》第 8 条、第 10 条。

国家与社会赖以维系的纽带在于其对各个领域的信息（包括个人信息）的收集与传输。社会成员应当将专属于其自身的信息的部分权利让渡给国家，从而促进公共福祉的实现；而国家为达到这一目的，有义务在管理这些信息的同时允许公众获得这些信息，从而满足后者参与社会事务以及自我发展等需求。

（二）个人信息合理使用的基本原则

下面，本文将以 App 的治理为例，谈谈个人信息合理使用应坚持的原则。

首先，个人信息合理使用的本质是对个人信息权益的一种限制，为了避免出现个人信息使用者以合理使用之名，行侵害信息主体权益之实，需要法律对个人信息的使用做明文规定。一是对使用方式的法律规定。个人信息使用者使用个人信息的方式必须由法律予以确定，即对个人信息进行收集、处理、储存、利用、流通、比对等方式必须由法律来规定。2017 年 12 月 29 日，中央网络安全和信息化领导小组办公室、国家质量监督检验检疫总局、全国信息安全标准化技术委员会联合发布了国家标准《信息安全技术　个人信息安全规范》。但该标准是"国家推荐性标准"，强制力度不够，其位阶较低，只是为我国个人信息保护工作的开展提供了翔实的实务指南。二是使用范围的法定。个人信息使用者使用个人信息范围不能超越法律规定，防止其对信息主体权益造成过多的伤害。但就具体的范围界定，相关法律并没有确切的规定。三是合理使用的情形法定。例如为了国家安全、公共利益等，可以在未经信息主体同意的情况下使用个人信息。可见，要确保个人信息的合理使用首先需要相关法律的保障。

受众在首次使用各种各样的 App 时，经常会收到 App 关于"隐私保护"的相关条约的提示，大部分人为了使用 App 会直接选择"同意"键，并不会很在意相关的规定，殊不知此时其已将自己的个人信息变相"送给"了 App 开发商，而此时，根据合同法的相关规定，用户与开发商之间签订的协议似乎是拥有法定效力的，如果没有上位法对于个人信息获取、使用等相关行为的法律规定，个人信息合理使用的度不好把握，该协议似乎在无形中即成了文明的"窃取转移"。

其次，客体在合理使用个人信息时，无须向信息主体支付报酬，理由包括：第一，构建个人信息合理使用制度的目的之一就是扩大个人信息使用者的权利，因此从其本质来说，个人信息合理使用制度是一种授权性规范，如果这一权利要以支付对价来获取，那么该制度将会失去其应有的价值。第二，用金钱交换个人信息没有现实的必要性。比如，一些 App 应用商获取信息是为了更好地服务拥有个人信息的主体，比如支付宝推出的年度账单盘点、网易云音乐推出的年度听歌报告，都是为了帮助用户记录自己的生活、爱好习惯，有针对性地为用户提供个性化的服务。对用户来说，这些服务表面的利必然大于弊；对商家来说，这些数据可以使他们明确用户的需求，及时调整经营的方向。如果没有"恶意"掺杂其中，这些服务应该说是一种双赢的行为。

最后是"例外性"，这也是个人信息合理使用最为本质的特征，是指个人信息使用者依据法律的规定，可以在特殊的情形下不经信息主体同意而使用信息主体的个人信息。即通过对信息主体的个人信息权益的限制来满足社会交往与经济交易的需要。每个主体既需要放弃一部分个人信息权益，同时又充分享受到因其他人放弃的信息权益所带来的便利。法律承认信息主体享有个人信息权益的同时又对个人信息权益进行限制，而这种限制最为突出的特征就是他人可以不经信息主体的同意而使用个人信息，这一特征也恰恰是个人信息合理使用的价值所在。

(三) 个人信息合理使用的路径

随着信息社会的发展，个人信息的保护与使用越来越受到各界的重视，我国到目前还没有一部专门的法律对相关行为进行规制，而有效的制度安排包括非正式约束、正式约束和实施机制三个不可或缺的内容。App 的综合治理与其说是正式约束，不如说是希望在实践中找到合适的个人信息的处理路径，综合运用非正式约束、正式约束和实施机制。本文认为，对个人数据的使用应以"合理化"为方向，坚持正确的原则，在规制依据、规制目标、规制手段、规制主体等方面实现变革，以实现个人信息保护的法治化。

1. 规制依据的法治化

法律是确保个人信息使用合理化的底线，而法律的制定要保持个人权益保障与信息商业利用之间的平衡。互联网平台聚集海量用户，并产生海量信息。这些信息可以轻松地勾勒出用户的人格形象，显现其生活轨迹。马斯洛在其需要层次理论中指出，"人格标识的完整性和真实性是主体受到他人尊重的基本条件"。在具体制度构建中，个人信息对于主体的尊严和自由的价值应当首先被考虑，即人格权益的保护应当首先被考虑。此外，要兼顾数据商业利用的需要。就用户而言，权利配置要兼顾信息的经济属性，即要兼顾财产权益的配置；就经营者而言，要分别配置数据经营权和数据资产利用权。毕竟，没有经营者的大量投入，数据的利用、挖掘难以延展，用户也无法获取免费的网络服务。个人信息保护的立法制度安排既要构建个人权益保护的屏障，也要使数据"物尽其用"，给产业创新发展留有空间。保持二者的平衡能够更好地促进数据驱动型创新体系和发展模式形成，培育造就一批国际领军互联网企业，筑牢数字中国之基。

2. 个人数据保护中的依法执政

要保持公权力与私权利之间的平衡。不同于传统隐私保护中政府超然的中立地位，在信息社会的个人信息保护和利用中，政府具有了利用者和管理者的双重身份角色：一方面，政府作为社会管理和社会福利的承担者，公共安全、公共管理和公共福利的推进离不开对居民个人信息的掌握；另一方面，对行政效率的追求，也不断促进政府积极探索个人信息利用的限度和价值。作为信息的利用者，政府不能无节制地、肆意地收集和利用个人信息。作为信息的管理者，在特定的情况下，政府需要对个人信息私权利进行必要干预。在现阶段，我国正在全力实施国家大数据战略，运用大数据提升国家治理现代化水平，建立健全大数据辅助科学决策和社会治理的机制，推进政府管理和社会治理模式创新。这些战略的部署需要政府通过广泛的样本分析了解社情民意、了解发展的痛点、了解治理的难点。个人信息对于线索收集、信息溯源与情报分析的意义是巨大的，政府决策科学化、社会治理精准化、公共服务高效化也需要依赖信息的收集和利用。因此，个人信息保护的具体制度的构建中需要有大局意识，处理好公权力与私权利的关系，既保持产业的持续创新发展，也兼顾社会公共利益和国家安全的充分保障。

3. 政府规制与行业自律、社会监督

比较分析可见，政府规制不可能包打天下。拿2019年的App治理行动看，政府对App的微观干预，挡不住开发商赚钱的冲动，除非完全禁止App的开发，但这种做法更难持久。"合理使用"既要求政府的引导，亦要求行业自律体系的建立和社会的监督机制，而后两者正是社会最欠缺的，它们能发挥政府不能替代的作用。

政府部门既要引导建立行业自律体系，在行业中形成个人数据合理使用的共识与有效规则，依靠行业自净机制来规范侵犯个人数据的行为；又要改变处处为人民做主的"父爱主义"做法，提高公众对自我信息保护的认识，相信公众有足够的理性做出符合自身利益的判断，让用户用手中的权利来选择规范的App，用用户的力量来逼迫App开发商提高自律水平，促使App在商业利益与社会利益之间寻求平衡。"政府的归政府，行业的归行业，社会的归社会"，这样政府执政才有望以较低的社会成本，解决最根本的问题。

参考文献：

［1］河北网信管理执法. 2019年我国移动应用程序（App）数量增长情况公布

［EB/OL］．（2020－02－26）［2020－03－11］．https：//baijiahao. baidu. com/s？id＝16595870112986680832&·wfr＝spider&·for＝pc.

［2］运营思维. 2019 年全球移动 APP 市场数据报告：APP Annie［EB/OL］.（2019－01－25）［2020－03－11］．https：//www. jianshu. com/p/ec24ec4bbc3f.

［3］秦洁. 个人信息保护研究［D］. 合肥：中国科学技术大学，2010.

［4］范江真微. 政府信息公开与个人隐私之保护［J］. 法令月刊，2001（5）.

［5］陈起行. 信息隐私权法理探讨：以美国法为中心［J］. 政大法律评论，2000（64）.

［6］齐爱民. 中华人民共和国个人信息保护法示范法草案学者建议稿［J］. 河北法学，2005（6）.

［7］范为. 大数据时代个人信息保护的路径重构［J］. 环球法律评论，2016（5）.

［8］西坡. 隐私得不到保护的大数据无异于炸弹［N］. 新京报，2017－02－18.

［9］齐爱民，盘佳. 数据权、数据主权的确立与大数据保护的基本原则［J］. 苏州大学学报（哲学社会科学版），2015（1）.

［10］江波. 大数据语境下的个人信息合理使用原则［J］. 交大法学，2018（3）.

［11］京特·雅科布斯. 规范·人格体·社会：法哲学前思［M］. 冯军，译. 北京：法律出版社，2001：111.

［12］马思敏. 个人信息合理使用的民事制度研究［D］. 石家庄：河北大学，2015.

［13］胡正荣，李继东. 我国媒介规制变迁的制度困境及其意识形态根源［J］. 新闻大学，2005（1）.

未成年人信息保护迈出有章可循的第一步
——国家互联网信息办公室发布
《儿童个人信息网络保护规定》

2019 年 10 月 1 日，我国第一部专门针对儿童网络保护的立法《儿童个人信息网络保护规定》正式实施。这部法律旨在对中华人民共和国境内通过网络从事收集、存储、使用、转移、披露不满十四周岁的未成年人个人信息等活动进行规范。它是我国第一部未成年人数据保护专门法，必将深刻影响我国互联网发展方式，是网络法治化进程的重要组成。

《儿童个人信息网络保护规定》（以下简称《规定》）的适用对象是未满十四周岁的未成年人，管辖范围是在中华人民共和国境内通过网络从事收集、存储、使用、转移、披露儿童个人信息等活动。

一、《规定》出台背景分析

从全球儿童个人信息保护总体形势来看，儿童逐步成为隐私泄露和身份盗窃的高危人群。在美国，每年有 130 万儿童信息被盗用，是成年人的 51 倍，近年来，澳大利亚、韩国等国家也纷纷出台儿童个人信息保护专门规定，美国也曾讨论修订《儿童在线隐私保护法》（COPPA），强化未成年人个人信息保护。总体来看，各国儿童数据保护呈加严趋势。

从我国实践情况来看，根据共青团中央维护青少年权益部、中国互联网络信息中心（CNNIC）发布的《2018 年全国未成年人互联网使用情况研究报告》，截至 2018 年 7 月 31 日，我国未成年网民（不包括 6 岁以下群体和非学生）规模达 1.69 亿，未成年人的互联网普及率达到 93.7%，其中小学、初中学生上网比例分别达到 89.5% 和 99.4%，远远高于同期全国人口的互联网普及率（57.7%）。未成年人拥有独自上网设备的比例达到 77.6%，其中 69.7% 有手机，24.6% 有平板电脑，13.9% 有笔记本电脑。在此背景下，通过专门规定加强对儿童个人信息的保护是十分必要且有益的。

在《规定》出台前，涉及未成年人权益和数据安全的法律渊源主要分为两大部分：一是以《中华人民共和国未成年人保护法》为核心的基本权益保护法体系，还包括正在征求意见的《未成年人网络保护条例》、未成年人"防沉迷"自律系列规范、游戏分级制度讨论等；二是以《网络安全法》和《全国人民代表大会常务委员会关于加强网络信息保护的决定》为核心的"一法一决定"，以及正在制定讨论的《个人信息保护法》等信息保护基本法。《儿童个人信息网络保护规定》的出台细化了上述两部法律中的相关条款，更有利于其指导司法实践。

《规定》先于《个人信息保护法》出台，其原因不仅包括儿童个人信息保护的紧迫性，还因为相对于成年人个人信息保护与利用的复杂性，未成年人信息保护并不存在太多的"利用"问题，他们的个人信息更多地倾向于"保护"。儿童受限于身心发展的阶段限制，需要被予以特别保护，以有利于其健康成长，已经成为毋庸置疑的共识。《规定》秉持这一要求，对儿童个人信息保护的水平，相比一般个人信息保护，提出了更高的要求。除了遵从国际立法通行做法，在取得用户同意环节，《规定》要求儿童用户监护人同意，这一内容体现了该规定的"从严性"，也再次说明了儿童个人信息保护的紧迫性，但是，其意义不仅于此。

二、《规定》亮点内容解读

（1）《规定》第 8 条规定："网络运营者应当设置专门的儿童个人信息保护规则和用户协议，并指定专人负责儿童个人信息保护。"这充分体现了对儿童的特殊保护、优先保护的原则。特别是儿童个人信息保护责任人的确立，十分有利于责任的追究，将有效遏制当前猖獗的儿童个人信息非法买卖现象。

（2）《规定》第 9 条规定："网络运营者收集、使用、转移、披露儿童个人信息的，应当以显著、清晰的方式告知儿童监护人，并应当征得儿童监护人的同意。"这条规定被称为"严格的同意规则"。而第 10 条规定了 7 项关于"网络运营者征得同意时，应当同时提供拒绝选项"。这些具体的内容规定，让企图通过法律的模糊性钻空子的不法分子无利可图，也使得司法实践更加有章可循。

（3）《规定》第 15 条明确了儿童个人信息保护的"最小原则"。一是运营商对儿童个人信息的收集范围和数量应遵循最小原则，不得收集与其提供的服务无关的儿童个人信息。二是网络运营者存储儿童个人信息应遵循最短期限原则，不得超过实现其收集、使用目的所必需的期限。三是网络运营者对其工作人员的授权应遵循最小原则，严格设定信息访问权限，控制儿童个人信息知悉范围，并要求工作人员访问儿童个人信息应当经过儿童个人信息保护负责人或者其授权的管理人员审批，记录访问情况，采取技术措施，避免违法复制、下载儿童个人信息。该原则体现了《规定》对儿童个人信息保护的"从严"原则，也说明了法律对儿童个人信息保护的严肃性。

（4）确立了儿童个人信息安全评估制度。《规定》第16、17条明确，网络运营者委托第三方处理儿童个人信息、向第三方转移儿童个人信息的，均应当进行安全评估。经评估达不到安全保护要求的，不得进行委托和转移，否则应承担法律责任。此规定加入的监督机制说明立法者对儿童个人信息设立了双重保护，加深了对儿童个人信息的保护程度。

（5）进一步明确了儿童个人信息的删除制度。《规定》对儿童个人信息的删除进行了细化，明确规定了以下4种情形下，儿童或者其监护人要求网络运营者删除其收集、存储、使用、披露的儿童个人信息的，网络运营者应当及时采取措施予以删除：网络运营者违法或者违约收集、存储、使用、转移、披露儿童个人信息的；超出目的范围或者必要期限收集、存储、使用、转移、披露儿童个人信息的；儿童监护人撤回同意的；儿童或其监护人通过注销等方式终止使用产品或服务的。另外，当网络运营者停止运营产品或服务时，也应当删除其持有的儿童个人信息。

（6）《规定》还明确了监护人的责任。父母作为监护人，是孩子的第一任老师和第一责任人。《规定》特别明确，儿童监护人应当正确履行监护职责，教育引导儿童增强个人信息保护意识和能力，保护儿童个人信息安全。为此，父母应当主动学习网络安全知识，增强网络安全意识，具备基本的网络保护能力，这样才能更好地保护好自己的孩子，成为网络信息时代的合格父母。

三、《规定》出台的意义

《规定》主要规范在中华人民共和国境内与网上儿童个人信息有关的活动，规定了"任何组织和个人""网络运营者""儿童监护人""互联网行业组织"等主体的责任和义务，覆盖了儿童个人信息的收集、存储、使用、转移、披露等全生命周期，确定了儿童个人信息网络保护的原则和具体处理规则，明确了网信部门和其他有关部门的监管职责，同时也规定了违法责任以及信用记录等内容。《规定》的出台进一步充实了我国儿童个人信息网络保护的法律依据，标志着我国儿童个人信息保护工作正式进入轨道。

(一)《规定》对于相关上位法的落实起到了细化与补充的作用

根据《规定》第 1 条，其上位法依据包括《网络安全法》和《未成年人保护法》。《网络安全法》是我国网信法律体系的基础性立法，全面规定了网络安全各个领域的主要问题。《网络安全法》第 13 条即明确："国家支持研究开发有利于未成年人健康成长的网络产品和服务，依法惩治利用网络从事危害未成年人身心健康的活动，为未成年人提供安全、健康的网络环境。"未成年人特别是儿童群体，生长在互联网时代，属于"互联网原住民"，互联网已经与新生代儿童的生活、学习等密不可分。我们既要保证儿童通过互联网学习知识、开阔眼界的权利，同时也要保护儿童在网络空间的合法权益不受侵害。以此为背景，营造安全的网络环境，对于保护儿童群体尤为必要。针对利用网络侵害儿童个人信息的行为，应当明确相关制度规定并依法予以打击。但是，什么样的行为属于对儿童网络空间合法利益的侵害，《规定》并没有做明确说明。

相比较，《规定》明确了儿童个人信息网络保护的五大原则，即儿童个人信息网络保护的正当必要、知情同意、目的明确、安全保障、依法利用。这些原则不仅可以规范网络运营者在儿童个人信息收集、使用、转移、披露等环节中的义务和责任，也有助于保障儿童的个人信息权利。特别是对于网络运营者的规定，《规定》中所罗列的内容翔实且清晰，明确了运营者能做与不能做的内容，不给相关不法分子以可乘之机。

《规定》细化了在互联网这一虚拟空间中关于未成年人个人信息的保护，实际上对于《未成年人保护法》来说，是其相关的细化与补充。《未成年人保护法》第 39 条第 1 款规定：任何组织或者个人不得披露未成年人的个人隐私。由于《未成年人保护法》颁布时间较早，没有对保护对象的年龄做进一步细化，同时保护范围也局限在隐私领域。随着互联网技术的发展，特别是移动互联网技术的发展，个人信息保护与隐私保护的内涵和外延都发生了变化。个人信息保护不完全是以隐私保护为基础，两者的保护思路也存在差异。《规定》是中国有关儿童个人信息保护的首部也是唯一一部法律规定。《规定》结合了《未成年人保护法》与《网络安全法》的相关要求，对儿童个人信息网络保护问题进行了专门规定，进一步完善了未成年人保护工作的具体内容和专门措施，让我国在未成年人个人信息保护的司法实践中更加有章可循。

（二）《规定》更有利于被保护者权利保护的落地

由于儿童的心智尚不成熟，对于自身的个人信息及其价值并没有清晰的认识，对于自己信息被违法收集与适用也缺乏一定的认知。而且，其本身的自我保护能力就不足，很难做到主动地保护自我信息的准确性与安全性，而其信息一旦泄露即有可能成为非法侵害的重灾区，甚至被暗网利用对其进行胁迫与不法侵害。

《规定》进一步明确了网络运营者针对儿童个人信息的专门性、特设性保护义务。包括专条、专人——设置专门的儿童个人信息保护规则和用户协议，指定专人负责儿童个人信息保护；知情同意——提供更加详细、灵活的用户协议（隐私条款）并以显著、清晰的方式告知监护人并征得监护人同意，且应告知事项发生实质性变化时需再次征得同意；最小存储——存储儿童个人信息不得超过实现其收集、使用目的所必需的期限，停止运营产品或者服务时应当立即停止收集并删除其持有的儿童个人信息；最小访问——内部工作人员严格按照权限、经过审批访问数据，严控儿童个人信息知悉范围，记录访问情况，防止非法获取；泄露及停业通知——儿童个人信息发生泄露、毁损、丢失，造成或者可能造成严重后果的，应当报告主管部门，并逐一告知儿童及其监护人或发布公告，停止服务的应当告知监护人；安全存储——存储儿童个人信息应当采取加密等措施；共享、披露限制——涉及向第三方转移儿童个人信息的，须经安全评估，涉及委托第三方处理儿童个人信息的，签署委托协议，规范双方权利义务。

这些内容中，被专家特别强调的是知情同意原则的有效性，该问题曾长期受到诟病。《规定》针对该问题，细化了告知事项，并提供拒绝同意选项，保障儿童及监护人享有更高的透明度和自由选择权；此外，在儿童个人信息的全生命周期，相较于数据流通、共享等自由价值，《规定》更加强调安全、稳定等秩序价值，包括贯穿始终的目的限定、最小够用、访问限制以及及时删除等规则，确保儿童个人信息获得更高程度的安全保障。

（三）例外条款是对于运营者的周全设置

最后，《规定》设置了例外条款，排除了通过计算机信息系统自动留存处理信息且无法识别所留存处理的信息属于儿童个人信息的情形，减轻了网络运营者对于非主动收集信息的普遍保护义务，但对于其中能够识别为儿童个人信息的，当然仍需适用《规定》。该例外条款适当地平衡了企业的安全保障义务与合规运行成本，在很大程度上减少了运营者被动地承担一些不必要的麻烦的情况。

四、《规定》在施行中可能会遇到的问题

由于《规定》刚刚颁布，进入施行阶段的时间比较短，未来针对该规定的监管落地力度如何尚未可知，尤其是"监护人同意机制"。《规定》的出台只是第一步，其内容中特别明确了"儿童监护人应当正确履行监护职责，教育引导儿童增强个人信息保护意识和能力，保护儿童个人信息安全"，但如何识别监护关系和监护人的知情同意，是否要求所有儿童的实践生活场景都要贯彻监护人知情同意原则等，都仍需进一步商榷。这也意味着，社会整体要为此付出相应的法律执行成本，具体方法还需在实践中进一步摸索。

保护儿童个人网络信息，出台相关规定只是第一步，还需相关方面更多配合和行动。父母应主动增强网络安全意识，做信息时代的合格父母；学校教育在这方面也不能失语和缺位；监管部门则要结合实际研究可操作的监管举措；同时网络平台应发挥主体作用，积极构建儿童信息保护屏障，把好信息安全的重要关口。而就《规定》的内容看，平台责任的明确尤其关键。

五、平台责任的确定与细化

除了社会各界的相关责任，平台的主体责任不能仅停留在原则上，必须落实到具体行为中。《规定》通篇都对平台责任类型和义务种类进行了非常明确的类型化规定，主要包括三大类：

1 制度责任

《规定》明确规定，用户协议必须要有儿童个人信息保护的专门条款，并有专人负责儿童个人信息保护。这里讲的专人，很多人会理解为普通法务人员，其实不然，境外互联网公司一般都会设立"首席隐私官"这样的位置，儿童个人信息是其负责的重要环节。《规定》将最小授权原则也纳入平台内部风控制度体系，以减少信息泄露可能。

安全评估是制度责任的关键，《规定》明确要求平台委托第三方处理信息，或依法转移儿童个人信息时，要自行或委托第三方进行安全评估，评估是为了确保安全。这就说明，儿童个人信息的安全是在效率之上的，不能为了效率牺牲安全。以往对儿童个人信息的保护多集中在事后处理，《规定》将风险评估前置，做到了未雨绸缪。

《规定》还确立了告知义务的"二次告知"制度。个人信息使用的"二次告知"原则确立于"新浪诉脉脉"案，主要针对的是开放平台中个人信息保护的问题。《规定》将其基本原则吸纳，首次将"二次告知"写进《规定》第14条，以制度确立规则，以立法指引实践，这种做法非常值得称道。

2. 社会责任

平台主体责任是由法律责任、社会责任和道德责任三部分构成的。《规定》将社会责任明确规定在第6条之中，主要是针对行业自律、行业规范和行为准则而言的。表面上看，社会责任没有类型化，可能缺乏一定的执行力。其实不然，社会责任是根据平台影响力大小、受众多少和市场份额不断变化的，越大的企业就要承担越多的责任。因此，社会责任在立法上可能无法细化，只能以抽象的方式表现出来。《规定》以"鼓励"的方式要求行业组织制定自律规范，因为法律是最低等级的道德，自律规范的要求一定比《规定》要高，这实际上就是通过立法的方式促进企业履行社会责任的重要方式。

3. 技术责任

技术责任是法律责任最重要的落脚点之一，没有技术的支持，法律责任也就成了空中楼阁。《规定》将对儿童个人信息保存的技术加密、安全信息保护、安全管理责任等方面都夯实到了法律层面。技术责任已经从产业角度，扩展到了安全角度，成为平台主体责任的主要组成方面。

其实，放眼世界，平台责任问题不仅是我国存在的问题，还是一个全球性的问题。在欧盟，平台公司不仅面临一般个人数据保护条例和反垄断执法压力，英国、法国已经决定开征可能改变行业格局的平台公司平等税。2019年颁布的欧盟《新版权指令》更实质性加重了大型平台公司的义务，以保护版权作品创作人与出版业者的权利，引发了激烈的争议和批评。在美国，这几年也出现了普遍的对平台公司的批判反思现象。对于这些问题的解决，各国比较常用的方式是将平台责任进一步细化，提高平台的注意义务，使得平台治理义务成为常规。但是，不管平台责任问题与规制如何变化，其基本原则始终是不会随时间变化而改变的。正如各国过去20多年来确立避风港规则、红旗规则与"通知—删除"规则的立法与判例，都没有发生根本性转变，这是认识平台法律责任的基本出发点。

参考文献：

[1]《儿童个人信息网络保护规定》正式出台：儿童网络保护立法的里程碑[EB/OL]. （2019－08－24）［2020－02－26］. http://www.cac.gov.cn/2019-08/

24/c_1124916305. htm.

　　[2] 李雅文. 《儿童个人信息网络保护规定》亮点解读！ [EB/OL]. （2019-08-25）[2020-02-26]. https：//www. sohu. com/a/336353129_181884.

　　[3] 方禹. 国家网信办出台《儿童个人信息网络保护规定》，背后有何深意？ [EB/OL]. （2019-08-24）[2020-02-26]. https：//www. sohu. com/a/336116492_181884.

　　[4] 保护儿童个人网络信息，有章可循只是第一步 [EB/OL]. （2019-12-05）[2020-02-26]. https：//baijiahao. baidu. com/s? id=1652046673354799467&wfr=spider&for=pc.

　　[5] 正确认识平台法律责任 [EB/OL]. （2019-08-08）[2020-02-26]. https：//4g. dahe. cn/mip/theory/20190808523147.

《未成年人节目管理规定》对未成年人保护的意义与面临的问题

——国家广播电视总局发布《未成年人节目管理规定》

2019 年 4 月 3 日，国家广播电视总局在官网上发布《未成年人节目管理规定》（国家广播电视总局令第 3 号，以下简称《规定》），对未成年人作为主要参与者或者以未成年人为主要接收对象的广播电视节目和网络视听节目做出管理。《规定》中明确要求要防止未成年人节目出现商业化、成人化和过度娱乐化倾向；不得宣扬童星效应或者包装、炒作明星子女；等等。《规定》从 2019 年 4 月 30 日起施行。

《规定》中重点保护未成年人合法权益，并指出，未成年人节目不得宣扬童星效应或者包装、炒作明星子女。同时对未成年人节目前后播出广告或者播出过程中插播广告等，也做出了规定。对未成年人节目制作、传播中应遵守的规范也予以细化。如服饰、表演规范，话题环节设置规范，主持人和嘉宾言行规范，语言文字使用规范，播出时长和节目比例规范，等等。同时《规定》中提出要增强原创能力，将创新作为表彰奖励未成年人节目制作传播主体和个人的重要依据。

未成年人是祖国的未来、民族的希望，其一直是法律所关注与保护的重点对象。习近平总书记在庆祝中国共产党成立 95 周年大会上强调："全党要关注青年、关心青年、关爱青年，倾听青年心声，做青年朋友的知心人、青年工作的热心人、青年群众的引路人。"他要求各级党委和政府要充分信任青年、热情关心青年、严格要求青年，为青年驰骋思想打开更浩瀚的天空，为青年实践创新搭建更广阔的舞台，为青年塑造人生提供更丰富的机会，为青年建功立业创造更有利的条件。强调全社会都要了解少年儿童、尊重少年儿童、关心少年儿童、服务少年儿童，为少年儿童提供良好社会环境。而未成年人节目一直是广播电视管理的重点，广电总局多次发文对此类节目予以规范。但近年来，随着互联网的迅速发展，包括传统媒体在内，部分以未成年人为主体的未成年人广播电视和网络视听节目中，出现了炫富、炒作明星子女、包装童星、成人化表演、低俗调侃、侵犯隐私权等侵犯未成年人合法权益的现象，其中个别节目有商业化、成人化和过度娱乐化倾向。

《规定》贯彻落实了习近平总书记的重要指示精神，回应了社会关切，说明无论是广电总局还是人民百姓都认为有必要针对当前面临的新情况、新问题，依据《未成年人保护法》和《广播电视管理条例》等法律和行政法规制定部门规章，将未成年人节目管理工作纳入法治化轨道，引导、规范节目创作、制作和传播，切实保障未成年人合法权益，促进未成年人健康成长。

根据团中央维护青少年权益部与中国互联网络信息中心联合发布的《2018年全国未成年人互联网使用情况研究报告》，截至 2018 年 7 月 31 日，我国已有未成年网民 1.69 亿，未成年人互联网普及率达到 93.7%，而在未成年网民从事的网络活动中，观看短视频和视频直播的比例分别为 40.5% 和 13.4%，其中小学生网民从事上述两项活动者分别为 32.1% 和 6.4%。而根据中国社会科学院新闻与传播研究所、中国少年儿童发展服务中心、中国青少年宫协会、社会科学文献出版社联合在京发布的《青少年蓝皮书：中国未成年人互联网运用报告（2019）》，短视频软件对未成年人影响增加，在人气最高的小视频软件前五名当中，未成年人用户中，抖音占比达到 48.0%，其次分别是快手（25.0%）、火山（12.0%）、西瓜视频（11.5%）、微视（3.5%）。

视频节目的迅速发展，必然会给青少年的身心健康发展带来相应的风险，如果没有相应的法律法规进行规制，"利益之下必有勇夫"，何况在无章可循的情况下。《规定》的颁布必然给包括互联网在内的节目与传播主体敲响了警钟，但相关内容如何落地还存在很大的问题，致使知乎网民大呼："可操作空间太大！"

未成年人本身正处于成长阶段，学习与模仿成为他们融入社会的重要的生活组成部分。面对纷繁复杂的媒体营造的世界，特别是互联网营造的虚拟世界，互联网技术给他们带来生活与学习的便利的同时，网络违法侵害、不良信息的影响、个人信息的泄露、网络沉迷成瘾等来自网络的风险和伤害也在逐渐增加。

一、网络违法侵害可能性仍然很大

《规定》落实"网上网下统一标准"的要求，规范调整包括未成年人作为主要参与者或者以未成年人为主要接收对象的广播电视节目和网络视听节目。未构成《规定》所称未成年人节目，但节目中含有未成年人形象、信息等内容，有关内容规范和法律责任参照《规定》执行。

虽然其相关内容规定了在网络范围内的适用，但是由于网络空间的匿名性与相对宽松自由的舆论环境，网络上不免会出现语言的暴力攻击甚至人肉搜索等恶意的网络行为。《2018 年全国未成年人互联网使用情况研究报告》显示，15.6％的未成年人表示曾遭遇网络暴力，最常见的是网上讽刺或谩骂、自己或亲友在网上被恶意骚扰、个人信息在网上被公开。30.3％的未成年人曾在上网过程中接触到暴力、赌博、吸毒、色情等违法不良信息。针对上述问题，69.1％的未成年人知晓可以通过互联网进行举报，其中初中、高中和中职学生的网络权益维护认知率达到 80％左右，小学生也达到 59％。但是，曾通过网络进行法律咨询或接受法律服务的未成年人比例只有 15％，未成年网民利用互联网进行自我保护的应用水平较低。

未成年人本身身心还比较脆弱，相对于成年人常处于弱势地位，他们社会阅历浅，接受新生事物快，但对于善恶美丑的辨别能力还不强。在受到来自网络的语言暴力攻击后，更易遭受网络暴力风险的侵蚀。但由于网络本身的特点，网络侵害的广泛传播是不受时间和空间限制的。在网络暴力语言或者网上侵权出现后，其他网民即可无数次地浏览、下载、转发该内容，甚至很多不了解情况、辨别不清楚是否属于网络违法的人也会加入到伤害未成年人的队伍中，且由于其一般采用匿名形式进行，在监控方面存在较大难度。

纵观《规定》的相关内容，可见其对于未成年人节目制作与传播活动提出了指导性方向与较为严苛的要求，但是，纵观现实，实际上未成年人节目制作处于一个比较尴尬的境地。中国真正制作未成年人节目的主体并不多，可能的原因包括：(1) 付出了劳动但无法得到充足的回报；(2) 由于相关限制因素较多，一不小心即可能摊上官司，众多媒体不愿蹚这摊浑水；(3) 未成年人节目和成年人节目并没有清晰的界限，因此大多数节目制作团队打着制作成年人节目的旗号亦可以吸引到不少未成年人的关注，岂不是两全其美？因此，该规定的针对性并不强，"可操作"的空间确实很大。

二、不良信息进入未成年人视野的可能性依然存在

根据团中央相关部门的有关调查，未成年人接触淫秽色情等不良信息的途径主要是网站的自动推送，网络不良信息对未成年人的社会化产生了诸多影响。《规定》第 8 条规定了国家支持和鼓励的未成年人节目制作与传播的内容，第 9 条规定了未成年人节目不得含有的内容，就传统媒体来说，这些条款威慑力较大，但对于互联

网空间，这些规定能达到怎样的效果还未可知。其原因包括：

（1）法律的局限性。有很多视频内容，并不完全在法律规制的权限内，而目前我国对于成人与未成年人节目的区分也没有明确的界限，这就很容易导致一些针对成年人的节目，特别是娱乐节目进入未成年人的关注范围内，大多数成年人已经形成了自己的善恶是非曲直判断标准，但未成年人尚不具备相应的判断能力，他们大多对视频内容没有辨别能力，甚至会模仿与学习视频内容，而具有危害的视频节目必然会潜移默化地影响其身心健康。

（2）随着网络在线学习的发展，很多未成年人都会根据自身的需求在网络上进行以自我发展为目的的学习，但在学习的过程中，因为进入门槛低、信息过滤不彻底等问题，常常会有一些例如色情信息、不法广告等不良信息出现，而其中的很多信息都会利用夸张的语言、炫酷的图像来吸引受众的注意，对于没有太多辨别能力的未成年人来说，这些信息是具有一定的吸引力的。

实际上，从节目或者视频制作者的角度出发，他们亦面临很大的尴尬处境。节目的制作需要赚取收益，而媒体传统的盈利模式即制作节目赢得受众的关注与名誉，从而出卖注意力得到广告。而广告中所含的很多信息都是节目制作者与传播者无法控制的，也是《规定》没有涉及的范围。就 CNNIC《2018 年全国未成年人互联网使用情况研究报告》的数据看，未成年人在网上看视频节目的时间远远小于观看网络短视频的时间，其中网络暴力、网络违法和不良信息仍然存在，未成年人网络保护需要加强。

纵观报告的相关数据，本文大胆预测，就目前未成年人互联网的使用情况看，也许媒体制作节目已经不再是保护未成年人合法权益的重要规制对象，对于 UGC 节目的内容与其他信息的传播以及传播方式的规范可能才是广电总局与互联网信息办公室等相关部门为了保护未成年人合法权益需要关注与规制的重点。

三、个人信息泄露的风险不会因此减少

《规定》在第 13 条明确，要保护未成年人及其亲属的隐私信息，对确需报道的未成年人违法犯罪案件，不得披露犯罪案件中未成年人当事人的姓名、住所、照片、图像等个人信息，含有相关信息的画面和声音应当采取技术处理，达到不可识别的标准。

其实，未成年人隐私受到侵犯的重灾区并不在与未成年人相关的节目上，其利益点也不在这里。最常见的关于未成年人隐私的侵犯实际上与对成年人个人信息的

侵犯大同小异，即在用网过程中自愿或无意识地注册从而导致信息泄露。未成年人本身自我保护意识较弱，对于个人信息与隐私并没有太多的概念，因此个人信息和隐私泄露和受到侵害的现象常常出现。

例如在未成年人使用某个 App 或者想要加入一个游戏时，常常需要填写自己的真实姓名、年龄、家庭住址，甚至有些软件会通过追踪技术搜索到未成年人的运动轨迹，而这些信息会反过来成为侵犯未成年人权益的潜在隐患，如若被不法分子利用，即会对未成年人的权益造成损害。

四、监管难度大，"漏网"行为多

《规定》要求广播电视主管部门加强事中事后监管，通过监听监看、联合惩戒、受理投诉举报等方式，切实承担起监督管理职责。如《规定》第 29 条要求广播电视主管部门应当建立健全未成年人节目监听监看制度，综合运用监听监看和专项检查等方式，加强对未成年人节目的管理。第 30 条和第 31 条要求广播电视主管部门应当建立未成年人节目违法行为警示记录系统，通过黑名单和联合惩戒方式，加强对机构和人员的监管力度。第 32 条要求广播电视主管部门应当设立未成年人节目违法行为举报制度，接到举报后，应当记录并及时处理。

此规定对于传统媒体来说具有更多的意义，但是，由于互联网进入门槛低、服务器追踪难等特点，如果要求广播电视主管部门对互联网上每一个视频、每一条信息都进行监听监看，并不存在可行性。就一部法律法规想要对媒体及与未成年人相关的作品进行规制也是不可能做到的。

参考文献

［1］在新时代党的阳光照耀下前进：习近平总书记关心关怀青年和青年工作纪实［EB/OL］.（2018-06-26）［2020-02-26］. http://www.xinhuanet.com/politics/2018-06/26/c_1123034444.htm.

［2］《未成年人节目管理规定》发布 自 4 月 30 日起施行［EB/OL］.（2019-04-03）［2020-02-26］. http://media.people.com.cn/n1/2019/0403/c120837-31011998.html.

［3］CNNIC：第 29 次中国互联网络发展状况统计报告［R/OL］.（2012-03-05）［2020-02-26］. http://www.100ec.cn/detail—6504976.html.

［4］王勇.《青少年蓝皮书：中国未成年人互联网运用报告（2019）》发布互联网企业应担负更多社会责任［EB/OL］.（2019-06-11）［2020-02-26］. http://

www. gongyishibao. com/html/yaowen/16716. html.

[5] 全国未成年网民达 1. 69 亿 30%曾接触网络暴力违法信息 [EB/OL].
(2019－03－26)[2020－02－26]. https：//tech. sina. com. cn/i/2019－03－27/doc-ihtxyzsm0733794. shtml.

[6] CNNIC：2018 年全国未成年人互联网使用情况研究报告 [R/OL].
(2019－04－18)[2020－02－26]. http：//www. 199it. com/archives/862520. html.

从《微博客信息服务管理规定》的颁布
看近年我国信息平台的责任与规制

近年来，微博客为广大网民获取资讯、休闲娱乐、情感交流和分享倾诉提供了重要平台，极大地丰富了人民群众的精神文化生活。与此同时，部分服务提供者安全责任意识不强，管理措施和技术保障能力不健全不到位，造成一些不法分子炮制的低俗色情、民族歧视、谣言诈骗、传销赌博等违法违规有害信息传播扩散，损害公民、法人和其他组织合法权益，影响健康有序的网络传播秩序，亟待依法依规予以规范。

2018年2月2日，国家互联网信息办公室公布《微博客信息服务管理规定》（以下简称《规定》）。《规定》自2018年3月20日起施行。国家互联网信息办公室有关负责人表示，出台《规定》旨在促进微博客信息服务健康有序发展，保护公民、法人和其他组织的合法权益，维护国家安全和公共利益。

国家互联网信息办公室相关负责人介绍，国家互联网信息办公室依据《中华人民共和国网络安全法》等相关法律法规制定本《规定》。《规定》共18条，包括微博客服务提供者主体责任、真实身份信息认证、分级分类管理、辟谣机制、行业自律、社会监督及行政管理等条款。

《规定》明确，国家互联网信息办公室负责全国微博客信息服务的监督管理执法工作。地方互联网信息办公室依据职责负责本行政区域内的微博客信息服务的监督管理执法工作。

《规定》强调，微博客服务提供者应当落实信息内容安全管理主体责任，建立健全各项管理制度，具有安全可控的技术保障和防范措施，配备与服务规模相适应的管理人员。《规定》提出，各级党政机关、企事业单位、人民团体和新闻媒体等组织机构对所开设的前台实名认证账号发布的信息内容及其跟帖评论负有管理责任。微博客服务提供者应当提供管理权限等必要支持。国家互联网信息办公室相关负责人强调，微博客服务提供者应当按照《规定》要求，切实履行职责和义务，自觉接受社会公众和行业监督，积极营造清朗的网络空间。

一、对《规定》的具体评析

习近平总书记在"4·19"重要讲话中明确指出，"一个企业既有经济责任、法律责任，也有社会责任、道德责任。企业做得越大，社会责任、道德责任就越大，公众对企业这方面的要求也就越高"。

微博客平台作为数亿网民每天活动的共同家园，在获取商业利益的同时，必须承担起法律责任、社会责任和道德责任。《规定》将平台应承担的主体责任，结合互联网发展实践，做出了明确具体的规定。

第一，明确信息内容安全管理责任。

尽管微博客平台并非网络内容提供者，但在使用者发布和传播信息活动中具有技术管理的先天优势，是互联网法治化的关键抓手。《规定》从用户注册、信息发布审核、跟帖评论管理、应急处置、从业人员教育培训等制度和总编辑制度方面，把平台的主体责任细化为具体可操作的制度要求。在技术方面，平台需要建立安全可控的技术保障和防范措施，在制度上要配备与服务规模相适应的管理人员，落实总编辑制度，将信息内容安全落实到位。

第二，完善分级分类管理机制。

按照网络传播规律，平台对信息发布和传播的管理类别和等级也是不同的，拥有越多的关注度，其所负的法律责任和社会责任也就越高。同理，经过平台认证的机构或个人，相比普通用户而言，公众的信任度更高，他们应承担更多的注意义务。微博客平台要针对不同的用户、不同的主体和不同的内容，采取相适应的管理机制。在分级分类管理中，平台需要结合使用者的信用等级综合管理，越高信用等级的用户应拥有越高的权限，当然也要承担越多的义务，以此类推。

第三，落实实名制。

互联网真实身份认证制度是网络法治的基础，也是互联网信用体系建立的基础，更是打击电信诈骗保护网民权益的基础。《规定》将实名制分为两部分加以规定：一是重申了"后台实名、前台自愿"的传统网络实名制原则；二是明确了前台实名认证账号的法定程序。实践中，前台实名存在很多问题，个别违法者"冒名顶替"他人，甚至假冒公众人物或政府机构，造成混乱。《规定》明确规定了前台实名认证的相关程序，增加了向网信管理部门分类备案的做法，进一步强化了信息主体责任。

第四，明确信息内容的服务管理原则。

随着微博客用户群的扩增，存在个别人滥用热搜传播散布低俗、违法信息，持续炒作，误导公众和损害公共利益的情况。针对此类情况，《规定》要求微博客提供者应当发挥促进经济发展、服务社会大众的积极作用，弘扬社会主义核心价值观，传播先进文化，坚持正确舆论导向，倡导依法上网、文明上网、安全上网。

不可否认，热搜的商业化运作是正常市场行为，但不能以损害社会公共利益和公众知情权、侵害未成年人合法权益、散布低俗内容和混淆视听为代价。网络空间是亿万网民的共同家园，稍有不慎，就会变成藏污纳垢的垃圾场，若只顾眼前短期利益，到头来损害的不单是社会利益，网络平台的商业利益也会就此毁灭。其实，互联网经济基础不仅是市场经济，更是法治经济，将网络内容安全与文化安全写进法治原则，这对平台长远利益、社会公共利益和网民合法权益来说，都是一件好事。

二、《规定》存在的意义

近年来，我国互联网立法进入高峰期，诸如《网络安全法》《互联网新闻信息服务管理规定》等法律法规先后出台。《规定》将我国网络法治实践中的这些重要成果以条文的方式具体化到微博客管理之中。

《规定》一方面明确了微博客平台的主体管理责任，一方面提出各级党政机关、企事业单位、人民团体和新闻媒体等组织机构对所开设的前台实名认证账号发布的信息内容及其跟帖评论负有管理责任，以此为基础，构建出网络法治环境"齐抓共管"的新局面。

按照《互联网新闻信息服务新技术新应用安全评估管理规定》要求，微博客平台在应用新技术、调整增设具有新闻舆论属性或社会动员能力功能时，需要依法报请相关网信管理部门进行安全评估。相关具体自评估、第三方评估等程序，微博客平台需要结合这两个规定依法履行。

按照《网络安全法》和《民法总则》的规定，《规定》对保护用户个人信息安全做出了具体要求，平台不但需要履行安全保护责任，而且也不能因商业利益非法向其他合作方提供微博客服务使用者的信息。这并非否认互联网＋背景下开放平台的商业化运作，而是强调用户拥有对自身信息的自我决定权，平台只有在充分告知并征求用户同意的基础上，才能依法利用用户信息进行商业合作。

梳理《规定》内容可见，平台责任已成为行政部门未来要关注与引导的重点，而平台对责任的履行已从线上扩展到了线下，关乎社会的发展与稳定。

三、互联网平台责任结构与规制路径

（一）平台责任结构

《电子商务法》将提供网络经营场所、交易撮合、信息发布等服务列为电子商务平台经营者的典型特征。网络平台降低了信息发布、传播以及双向沟通的成本，通过信息检索与数据匹配技术，发布者与目标受众能直接建立联系。信息的发布与传播、筛选与匹配、沟通与合意是网络平台业务的实质。平台对于互联网空间的控制，也体现在对于信息的审查和管理中，而非对于物理空间的监管。由于不同行业存在不同的监管路径依赖，这些监管路径分别以现有的规范工具向新兴的产业模式进行延伸，导致责任逻辑无法相互兼容。例如在微博客上发布的包括黄色信息在内的违法性帖子，平台大多以避风港规则或"通知—删除"规则为保护，在帖子已传播，产生重大影响之后，才将之删除。因为做不到事先审查，其结果就是在已经造成了社会影响或者是信息已发布很长时间，已对当事人造成损失之后才对内容进行处理，故应首先根据平台交易的特性建立具有一致性的归责结构。

目前，网络平台的归责路径受到了互联网避风港规则的影响，形成了《侵权责任法》第36条规定的三个责任层次：（1）直接侵权责任；（2）避风港规则下的"通知—删除"的义务和对损失扩大部分的连带责任；（3）知道侵权存在而未采取必要措施的连带责任。但这三种责任在处理平台经营者时均存在理论和实践上的困难。

1. 经营者的直接侵权责任和身份认定的困难

虽然《规定》中多条内容都明确了微博客信息服务提供者的责任，但就责任的具体规定还是太过模糊。利用互联网发布违法信息，其危害性体现在对社会的负面引导上，而互联网平台居中充当了撮合交易的角色。从应然的角度出发，互联网平台除了传递信息以外，理应不介入任何交易关系之中。但在现实中，无论是在新浪还是腾讯还是其他相关平台上都充斥着大量销售产品或者进行其他相关买卖的信息内容，这些服务提供者都在借由平台开展自营业务。因此有学者提出应认定代理人身份从而要求平台承担更为严格的责任。平台主体一旦主动介入交易并提供了相应服务，就建立了其他类型的法律关系，那么便突破了其信息中介的身份成为经营者，应以其实际经营行为承担《侵权责任法》第36条第1款规定的直接侵权责任，仅根据信息服务提供平台认定责任显然查处的范围是不够的。如并未合理划分事实上的自营业务认定标准，仅将自我标识为自营的业务纳入平台的经营范围，将导致平台经营者通过模糊身份认定逃避责任。

2. 避风港规则下的连带责任与审查义务及其缺陷

《规定》第10条指出："微博客服务提供者应当对申请前台实名认证账号的微博客服务使用者进行认证信息审核，并按照注册地向国家或省、自治区、直辖市互联网信息办公室分类备案。微博客服务使用者提供的证明材料与认证信息不相符的，微博客服务提供者不得为其提供前台实名认证服务。各级党政机关、企事业单位、人民团体和新闻媒体等组织机构对所开设的前台实名认证账号发布的信息内容及其跟帖评论负有管理责任。微博客服务提供者应当提供管理权限等必要支持。"第12条规定："微博客服务提供者和微博客服务使用者不得利用微博客发布、传播法律法规禁止的信息内容。微博客服务提供者发现微博客服务使用者发布、传播法律法规禁止的信息内容，应当依法立即停止传输该信息、采取消除等处置措施，保存有关记录，并向有关主管部门报告。"

《侵权责任法》第36条第2款推定网络服务提供者缺乏对于互联网信息控制、管理的能力因而设定了"通知—删除"的义务，但这种立法思路导致认定第3款"知情"的标准难以确立。虽然此处知情的标准应该解释为"明知或应知"，但网络服务提供者仍然应该尽到谨慎审查义务。源于避风港规则对于侵权法上一般归责原则某种程度的排斥，对于互联网平台信息审查义务标准的设定是很低的。公共空间管理者对于风险具有更多的信息和控制能力，因此消除风险的成本最低，将责任交由更有能力的监督者、管理者承担，既具有合理性也符合激励性原则。这一归责原则广泛体现在如《侵权责任法》第37条公共场所管理人或者群众性活动组织者以及《侵权责任法》第38条公共场所经营者等的安全保障义务中。互联网避风港规则源于美国1998年《千禧年数字版权法案》（Digital Millennium Copyright Act），起初适用于互联网著作权侵权纠纷。避风港规则下法律并不苛求互联网服务提供者需要对全部上网内容进行合法性审查，这是在考虑到互联网信息传播的复杂性、平衡效率和安全之后对产业发展采取的鼓励态度。法律推定在互联网产业中网络服务提供者难以像一般对经营场所、交易条件具有控制性的主体那样实施事前、事中的审查。但当《侵权责任法》将这一责任标准扩展到知识产权以外的互联网领域时，由作为信息发布者和控制者的平台承担程度较低的审查义务，虽然有利于促进网络服务提供者业务的发展，但对于公众免受发布者的违法信息以及由此促成的违法交易侵害的保护显然是不足的。这种立法思路进一步体现在了互联网商业的相关立法之中。《消费者权益保护法》规定网络交易平台只要能告知实际销售者的身份信息，同样将作为"明知或应知者"承担连带责任。而《食品安全法》则规定网络食品交易第三方平台提供者仅需要对食品实际经营者进行身份登记和许可证检验，明确食品安全管理责任在经营者。网络食品交易第三方平台无须像集中交易市场的开办者、柜台出租者那样定期对经营环境和条件进行检查。可见，由于缺乏对于物理空间的接触和控制，相关立法对于网络平台能够知情的预期标准要求较低。

并且，虽然司法解释曾对知识产权和人身权益领域内互联网侵权的知情标准进行了界定，但网络平台经营模式中的信息侵权情景并不相同。传统互联网的信息发布方式是广而告之，将网络作为媒体扩大受众，例如门户网站、视频网站、网络论坛等，公开发布信息以供用户浏览。平台作为信息中介，用户在平台上的信息交流很可能是"点对点"的，典型的如各种 P2P 交易，即交易双方通过平台进行的信息交流是直接的、单线的，单个交易相关信息的受众数量、浏览数量并不大。而匹配交易双方的技术又多为计算机自动算法，不带有推荐、修改的主观行为。这也是很多平台声称其仅从事撮合零星小额交易、互助服务、社区服务等服务的原因。互联网技术和商业模式的新发展导致传统互联网审查义务认定标准不再适用，认定平台责任需建立信息管理和风险控制的新标准。

(二) 从平台责任角度，思考《规定》可能产生的几个问题

《规定》再次明确了平台经营者的责任，强调"微博客服务提供者应当按照'后台实名、前台自愿'的原则，对微博客服务使用者进行基于组织机构代码、身份证件号码、移动电话号码等方式的真实身份信息认证、定期核验。微博客服务使用者不提供真实身份信息的，微博客服务提供者不得为其提供信息发布服务"。但其中也不乏问题。

2011 年，北京市人民政府新闻办公室、市公安局、市通信管理局和市互联网信息办公室四部门共同制定发布了《北京市微博客发展管理若干规定》，要求任何组织或者个人注册微博客账号，制作、复制、发布、传播信息内容，应当使用真实身份信息。已经注册的用户是企业的资源，为了避免用户流失，博主通过网络告知老用户，只有再次发言时才会被要求修改为实名注册，而且是"前台匿名、后台实名"，期望这种解释能保住老用户并引导新用户。新浪公司为落实微博客实名制，专门成立了拥有 40 多名员工的工作组，对注册进行监控和审核，加大了企业成本，

但难以带来收益。因此，此次《规定》要求在全国范围内铺开的实名制是否能够执行下去，会给平台带来什么样的影响，是需要经过实践检验的。

此外，推行网络实名制，对信息保密提出了更高要求。微博客网站的保密机制、保密技术水平是令人担心的。这一方面是因为网站数据系统难免有技术漏洞；另一方面是因为大型网站的用户系统总是黑客攻击的目标，政府指定的公民身份核实机构的网站也同样面临黑客威胁，而且黑客处于更隐蔽、更主动、更灵活的位置，技术的迅速发展也使网络信息公司面对各式各样的黑客防不胜防。除了技术因素，网络企业工作人员素质也不足以让人们 100% 信赖。人们经常听到有些网站或拥有数据的公司出卖用户信息以谋取不正当利益的消息，这虽然可能是个人行为，但这种取财无道的内鬼，哪怕只遇上一个，其影响的也可能是成千上万的用户，而且其造成的影响可能很久远。无论从什么渠道发生用户信息泄露，都会对网民权益造成侵害。平台用户信息泄露时，如何进行责任认定，如何估量个人、企业、政府需要付出的代价，成为法律要解决的现实问题。

（三）平台责任的规制路径

1. 完善法律制度

面对日益发展的网络技术，飞速发展的媒体平台，《规定》的颁布无疑对促进微博客信息服务健康有序发展，保护公民、法人和其他组织的合法权益，维护国家安全和公共利益起到了促进规范的作用。但是，就我国目前信息服务平台的发展速度与其在用户生活、思想中起到的作用来看，我国应该制定涵盖各种类型的、效力等级更高的、更为系统的网络责任法。网络责任法应该重点针对平台信息传播、网络言论，针对使用者和服务者双方的责任划分及追究等更具体的内容进行规制。网络责任法应与《网络安全法》平级，两者之间应相互结合、相互辅助，这样才能在网络世界中构建起系统的、完善的法律规制，才能真正推动网络环境治理的有法可依，推进我国依法治国战略的实施。

2. 创新监管手段

信息服务平台的兴起给政府部门的监管带来了新的挑战。无论是在中央政府层面还是在地方各级政府层面，都应该成立专门的部门，来应对网络世界、应对信息服务平台信息传播过程中可能发生的风险。各个地方的网络警察等力量是分散的，在一些关注度较高的事件发生时，国家的专门应对部门应该能够更为专业地、系统地找到源头，解决问题。政府专门部门在网络世界里是一个权威的风向标，有利于引导舆论导向，维护社会和国家的稳定。

政府专门部门应和各大信息服务平台合作。各大信息服务平台应对自己平台上的账号特别是认证大 V、知名博主等进行专人跟踪，帮助政府掌握和把控网络总体情况。这样才能在源头上快速、有效地控制虚假、恶意网络言论的产生与传播。同时，在个体受到侵害的时候，政府专门机构也才能掌握施暴者信息，对个人合法权益进行保护。

3. 加强协同德法治理

充分调动各界力量参与网络空间治理已经成为共识。网络空间治理的进步不仅仅体现在治理理念的现代化发展上，还体现在治理主体层面的协同调动上。一方面，治理主体的素质不断提高，主要体现为一般党政治理部门执行者素养的提升和一般网民公民素养和网络素养的提高。另一方面，从单一靠党政部门治理网络转向党政部门主导、主打和群众参与的协同治理格局已经形成，正在发挥巨大的协同发力效应。

平台责任建设是一项系统全面的长期工程，需要发挥各种治理手段的作用。因此，建设平台文明生态应探索如何整合道德、法治、经济、文化、行政等手段，以实现立体治理。坚持依法治理网络，构建信息服务平台建设的法治体系；坚持以德治网，构建信息服务平台建设的文化氛围，充分发挥道德与法律协同治理的主体性工具作用，形成治理的强大合力。充分利用网络空间和现实空间的软性资源和硬性资源，积极采取基础性治理、渗透性治理和介入性治理等方式，以综合治理代替单项治理。从信息服务平台建设本身着手，平台德法协同治理应注重网民网络日常生活的重构，推动道德治理与法律治理向网络空间及其相关领域的延伸治理，积极应对网络道德和网络法治的网络公共性生成问题，不断提升道德、法律在网络空间中的公共性与共享性。

参考文献：

[1] 杨立新. 网络平台提供者的附条件不真正连带责任与部分连带责任 [J]. 法律科学（西北政法大学学报），2015（1）.

[2] 赖丽华. P2P 网络借贷平台的复合民事法律地位 [J]. 法学论坛，2016（3）.

[3] 徐可. 互联网平台的责任结构与规制路径：以审查义务和经营者责任为基础 [J]. 北方法学，2019（3）.

[4] 蔡德聪，刘素华. "网络实名制"与网络不良信息治理 [J]. 中国行政管理，2012（11）.

区块链技术的风险与制度规约路径

——从 2019 年国家互联网信息办公室发布的《区块链信息服务管理规定》的相关内容说开去

2019 年 1 月 10 日，国家互联网信息办公室发布《区块链信息服务管理规定》（以下简称《规定》），该《规定》共计 24 条，自 2019 年 2 月 15 日起施行。这一部门规章被称为"中国监管机构首次尝试对区块链行业推出的长效监管规则"，是"我国首部区块链监管法规"。

《规定》称，区块链信息服务是指基于区块链技术或者系统，通过互联网站、应用程序等形式，向社会公众提供信息服务。

区块链信息服务提供者开发上线新产品、新应用、新功能的，应当按照有关规定报国家和省、自治区、直辖市互联网信息办公室进行安全评估。

《规定》鼓励区块链行业组织加强行业自律，建立健全行业自律制度和行业准则，指导区块链信息服务提供者建立健全服务规范，推动行业信用评价体系建设，督促区块链信息服务提供者依法提供服务、接受社会监督，提高区块链信息服务从业人员的职业素养，促进行业健康有序发展。

2019 年 8 月 9 日，国家互联网信息办公室再次对《规定》第 9 条中的"安全评估"做出具体要求，即："1. 国家市场监管总局所属的中国国家认证认可监督管理委员会，已经在信息安全管理和信息技术服务管理方面建立了完整的认证体系，具备一批已获认定认可的测评机构。相关企业可委托上述具有相关资质的测评机构开展安全评估，或自行对区块链信息服务开展安全风险自评估，并根据国家互联网信息办公室与公安部联合发布的《具有舆论属性或社会动员能力的互联网信息服务安全评估规定》的相关要求，通过'全国互联网安全管理服务平台'（www. beian. gov. cn）提交安全自评估报告。2. 国家互联网信息办公室未指定或授权任何单位和机构开展区块链安全技术检测和安全评估。"

可见，区块链技术作为一种新兴的技术具有无限的发展潜力，当然，也正是因为它的潜力导致它存在对互联网空间及对社会的巨大风险隐患。而政府关于区块链技术的规制还处于摸索阶段，随着技术的发展与实践的丰富而不断发生着变化。

一、《规定》内容解读及其意义

区块链为计算机技术在互联网时代的创新运用技术，主要运用了分布式数据存储、共识机制、网络协议、加密算法、隐私保护及智能合约六大核心关键技术。尽管近年来区块链发展迅速，数据存储结构、共识机制等技术发展活跃，但就整体发展来看，其仍处于发展阶段。

(一) 区块链信息服务

根据《规定》第 2 条第 2 款，区块链信息服务是指基于区块链技术或者系统，通过互联网站、应用程序等形式，向社会公众提供信息服务。

在这个概念之下可知，为提供区块链信息服务做支持的底层技术必须是区块链技术。因此，单纯基于互联网技术的区块链媒体（包括网站、App、微信公众号和小程序等），并非《规定》所规制的范围。而像币乎、赞我、YOYOW 这样利用区块链技术来提供和分享内容的媒体平台则会落入这个概念。

(二)《规定》主要的调整对象

随着互联网的迅速发展，技术的进步，传统法律面临巨大的现实挑战。一方面是法律形式仍面临巨大的规范需求，司法机关有大量待处理的案件，立法层面紧锣密鼓开展民法典立法工作以期满足实践需求；另一方面，虚拟的网络世界则呈现出"去中心""去意志""去法律"的趋势，主张"算法即法律"，"代码为先"。代表着不同法律观念的现实世界和虚拟世界不断碰撞并寻找边界，《规定》即在两种世界的边界处寻求着立法的平衡。对于区块链这样的新技术的调整，体现了现实解释希望通过实名制、备案登记等方式将传统法律观念投射到虚拟世界的尝试，而在一定程度上保证区块链的发展，体现"去中心化""代码规制"的技术色彩，又体现了现实世界对虚拟世界的保护与美好期望，特别是其中对于调整对象的界定。

根据《规定》第 2 条第 3 款，区块链信息服务提供者是指向社会公众提供区块链信息服务的主体或者节点，以及为区块链信息服务的主体提供技术支持的机构或者组织。

《规定》对区块链信息服务提供者划出了一个较宽泛的范围，带有"信息技术服务"字样又与区块链相关的机构或组织，都有可能被纳入监管范围，包括涉及提供数字货币交易信息发布的、加密数字货币存储的、采用区块链技术进行媒体信息发布的、基于区块链技术开发的 App 等区块链项目的区块链技术提供方、数字资产交易平台等主体。

2017 年 9 月央行等七部委发文，对代币发行融资（ICO）进行了首次定性并叫停后，国内不少区块链企业为了躲避监管，将代币发行融资等行为转战境外，采用了"境外设立实体发币上链 ＋ 境内公司提供技术服务"的模式。但《规定》生效后，这种操作的合规性将受到考验。根据《规定》明确的区块链信息服务提供者的范围，在中国境内注册成立的公司，只要是为区块链信息服务的主体提供了技术支持，就可能被认定为"信息服务提供者"，因此这类区块链企业也应当注意遵守《规定》的各类要求，及时进行合规审查。

（三）《规定》对于安全责任的规定

《规定》从多个角度对区块链信息服务的安全责任做出要求。包括：

（1）区块链信息服务提供者的信息内容安全管理责任：区块链信息服务提供者应落实信息内容安全管理责任，建立健全用户注册、信息审核、应急处置、安全防护等管理制度。

（2）区块链信息服务提供者的技术能力：区块链信息服务提供者应当具备必需的技术条件和能力，对于法律法规禁止的信息内容须做即时和应急处置。

（3）安全评估：新产品、新应用、新功能上线需要安全评估。

（4）安全隐患的整改：区块链信息服务存在信息安全隐患的，应当进行整改，达标后方可继续提供信息服务。

（四）《规定》对于实施备案的管理

《规定》对区块链信息服务实施备案管理。备案管理方面的规定主要集中在第 11 条至第 14 条。包括：要求区块链信息服务提供者应当在提供服务之日起十个工作日内通过国家互联网信息办公室区块链信息服务备案管理系统填报备案信息；互联网信息办公室对备案信息负有审查职责；备案信息应及时变更和注销；备案编号应在网站和应用程序等的显著位置进行标注；备案信息定期查验等相关事宜。

《规定》的正式出台标志着我国对于区块链信息服务"监管时代"的来临。区块链作为一项新兴技术，具有不可篡改、匿名性等特性，在给国家发展带来机遇、给社会生活带来便利的同时，也带来了一定的安全风险。技术本身是中性的，从立法者的角度，只有跟上技术发展的步伐，及时制定出符合发展现状的法律法规，才能弥补立法的滞后性这一缺陷；从区块链行业的各类参与者的角度，对于新法新规的出台，需要及时依规进行自查和合规审查。此外，我们相信，随着区块链技术的不断发展和行业应用的深化和细化，未来将会有更多针对区块链行业和相关活动的新法新规不断出台。

二、区块链技术可能给信息服务带来的风险隐患

正因为区块链技术不是万能的，行政部门才会出台相应的规制约束其行为，而要规避其可能带来的风险，首先要认清区块链技术是什么以及它可能存在的风险是什么。

(一) 区块链技术的发展及其在信息服务领域的运用

区块链源自点对点的通信应用，即把需要下载的文件分成很多碎块，分散到不同的电脑，这些电脑可以分别进行一些碎块的下载，同时相互传输已经获得的碎块，最终各电脑都可以根据需要合成一个完整的文件。人们在通过网络进行交易时，一次交易的整个过程会被记录在"账本"上，这个账本是由网络中的电脑共同维护的，不掌握在某个机构或者个人手中，而是分布式账本。当在账本中加入一批条目时，也加入了上一个批次的索引值，让所有参与者都可以验证账本上所有条目的出处，这些批次就被称为"区块"，而所有区块在一起则被称为"区块链"。

根据全球新技术支持者、开发商和企业家网络以及会议、博客、论坛和专家网站的经常性主题，各国的博客、论坛等提供了区块链技术的详细应用介绍和全面的概述，以及 Swan 关于区块链使用对于政府服务作用的看法。本文认为基于区块链在公民信息服务中的运用包括身份管理、访问管理、市民服务、无国界服务和电子投票。

据估计，全球有大约 15 亿人没有合法身份或出生证明。这些人无法开设银行账户、拥有财产或者获得政府服务，许多人无法充分参与经济活动，无法创造财富。区块链可以安全地编辑、交叉引用和验证多个数据源、事件和事务，可以在无法进行传统的身份证明时建立和验证个人的身份。美国邮政署和国土安全部正研究区块链在建立安全身份管理方面的潜在能力。开拓者预计，区块链技术将在身份管理方面产生显著的效益，市民服务是区块链应用效益的高产领域。事实上，包括投

票、税费征收和土地登记在内的许多市民服务高度依赖身份管理，如果没有区块链技术，这些服务可能无法大规模推广。爱沙尼亚政府可以说是世界上率先使用区块链技术的政府，该国政府采用基于身份的安全区块链服务，来自任何国家或地区的使用者都可以申请由该国政府颁发的数字身份，由区块链提供安全保护。在区块链上，公民可以轻松验证在政府数据库中有关自己的记录是否完整，并控制谁可以访问这些数据。

（二）区块链技术存在的应用局限和风险隐患

1. 区块链的广泛适用性和商业应用价值尚未得到充分证明

目前虽然不少的企业和机构投入到了区块链领域，但距离真正在多领域普及、深度应用还有很远的路要走。区块链本质是一项技术，而且是一项尚未完全成熟的技术，其优势必须找到适合其特点的场景才能得到发挥。

也正因为我们还在不断地对区块链技术进行探索，其中必然存在未知的风险。例如：虽然中本村提出了一种不需要第三方的共识机制，但是，该机制的正常运行是有前提的，即大部分的参与者都是道德的，而这一前提就是很难实现的。

而区块链在信息服务领域也存在着相似的问题，虽然国家出台了《规定》对运用区块链技术的信息服务提供者进行了如备案审查等相关的规制，但从技术的角度看，如果想更好地进行监管，区块链监管人员亦需要熟悉前沿技术，甚至要比服务者更加了解技术，而这对监管者的要求是相当高的。

2. 区块链技术应用的可审计性不足

关于区块链的可审计性主要是两层意思：第一层意思是相关创新是否应用了区块链的所有特性，还是仅利用了区块链的部分技术，甚至并无任何实质的区块链技术内容，仅仅是打着区块链的旗号。也就是对某一种业务处理方式究竟是否能称为区块链，还没有业界普遍认可的行业标准，更没有规范的监管手段。第二层意思是当区块链掌握在特定组织或部分人手中时（包括公有链也有可能出现这种现象），其技术的中立性、不可篡改等等基本特性是否能得到充分保障。

3. 区块链技术存在一定的监管风险

虽然我国颁布了《规定》，但在区块链应用最为广泛的金融领域中，有一段时间以币圈为代表的投机炒作、市场操纵甚至违规违法等行为是严重存在的，如不加以治理，很有可能引发重大风险。2017年9月央行等七部门明令禁止了ICO。但从世界范围看，由于各个国家对区块链看法的差异，目前国内一些炒币人已经转战国外，这也带来了新的监管问题。

除此以外，很多学者都对区块链技术未来可能存在的风险做了评判性预估。Juels 认为必须加快制定相关监管政策的速度，如果缺乏监管，不法分子会利用区块链的特点，从而导致新的犯罪生态的产生。Atzori 从政治的视角探讨了区块链的风险，认为它在不同程度上挑战了国家权威、公民身份和民主的传统机制，有可能会导致一个无国籍的全球社会，它能够大规模管理社会互动，并摒弃传统的中央权威，而且区块链的漏洞会催生新的权力阶层。Ekparinya 发现，即使是公认安全性较高的以太坊私链和联盟链，也非常脆弱，攻击者能够运用边界网关协议发动双花攻击，在 10 小时内将他的数字资产提高 20 万倍。因为以太坊智能合约的低运营成本以及以太坊虚拟机（ethereum virtual machine）本身的缺陷（如多重签名、编程语言 Solidity 漏洞、短地址漏洞等），它在程序设计、编写中不可避免地存在风险。

三、区块链技术的制度规约路径

与其他刚刚兴起的技术一样，区块链技术具有工具属性，其本质是中立的，既不善良也不邪恶，关键是如何规约使用区块链技术背后的人。一方面，区块链技术给人们带来效益，带有"真"的价值。区块链技术的去中心化和不可逆的特点，让它在全球许多领域激发出创意的火花。可以利用区块链技术的透明性去改善社会的伦理环境，但不能陷入对区块链技术的盲目崇拜，用它去解决所有的伦理问题。透明性会带来隐私问题，人与社会的文明才是我们共同的目标。另一方面，它又引发了不期而遇的伦理问题，因为它并不包含"善"的价值。它的匿名性、开放性和技术自身的缺陷，不但将引发诸如黑客攻击等的网络风险，还将引发一系列的社会伦理风险，如公平、正义、安全与秩序、责任归属、责任风险等问题。依据区块链技术风险的根源，基于责任的前瞻性和伦理的过程性优势，选择有效的伦理规约路径是推动区块链技术持续发展的关键。而《规定》即是一次有益的探索。

（一）行政规约路径

按照区块链应用的线性发展特点，可将规约分为前置、中置和后置。前置规约分为设计和内测两个阶段。设计阶段，在建立区块链技术和伦理委员会的前提下，通过委员会对区块链技术的设计和风险进行伦理评估，并设立评估值，只有评估值高于伦理标准的设计才能进入内测；在内测阶段，区块链技术管制执行机关可参照委员会的伦理评估值进行内测，先在区域内试运行，测试前置规约的效果，若低于评估值则返回设计阶段，重新设计和评估。中置规约分为公测和更新两个阶段。公测阶段，区块链技术和伦理委员会与区块链团队共同约定公测时间并签订协议，协议内容包括区块链技术开展的具体计划、年度第三方评估、区块链产品撤回和控制程序权限等等，保障委员会在公测阶段的监督；更新阶段，区块链技术和伦理委员会对公测阶段出现的问题进行监控，重新进入内测阶段。后置规约分为应用和推广两个阶段。在应用阶段，通过伦理立法和行业标准规范对其进行规约，监督应用阶段的区块链产品功能是否超出伦理评估的范围，若超出，则重新进入公测阶段；在推广阶段，通过伦理调整对推广活动进行规约，避免新旧伦理观念的极端冲突，若发现新的伦理冲突，组织区块链技术和伦理委员会、区块链团队、公众进行公开讨论，实施调整。

线性伦理规约路径具备三个优势：发挥了责任的前瞻性优势，将区块链团队、委员会的责任紧密相连，建立了责任机制；建立了委员会及其相关制度，对区块链的设计和发展过程实施全方位的监督，能够将区块链技术对社会的负面影响降到最低，保障区块链用户的安全；缩小了区块链团队与行政管理机构之间的认知鸿沟。线性路径的几个劣势：委员会和相关制度的建立会增加行政成本；委员会的行政角色有可能滋生腐败；区块链设计、推广之间的层级结构过多，容易打击区块链团队的创造力，影响区块链技术的整体发展；区块链是一个比较模糊的概念，且由多种技术共同组成，过于复杂的过程监管，会将区块链团队引向灰色地带，逃避监管，制造更大的风险。

（二）行业及社会协同规约路径

实用性是技术的重要特征，"技术不同于科学，追求效益是技术活动的本质特征，正是这一特征使得技术更多地被看作是经济系统的一个有机组成部分"。从技术出现的那天起，它就是反传统、反平衡的，改造与征服是技术的价值所在。新兴技术的出现往往伴随着新的价值，它必然打破原本的制度和价值平衡，制造新的风险，给自然、社会和人带来新的变化。因此，面对新兴技术对社会和自然的改造与征服，需要在人与自然、人与技术、人与社会中寻找新的平衡，需要在实用性与伦理之间寻找新的平衡点。

技术的发展是非线性的，对技术风险的线性分析所获得的控制方案，能否实现消除技术风险的目的？是否只是将技术推至其他方向，引出更多的风险？对技术的过度控制，设定过高的限制，会打击创新，会推动领域内组织或从业者创造力的转移，催生出新的技术，增加技术的多样性与不确定性，让社会、个体更加依赖技术。因此，在不存在绝对安全的技术的前提下，在保证技术创新力的同时，合理实施对技术的规范和控制，更有利于社会的稳定和发展。

依照区块链技术的发展特点，可以获知，人的参与是区块链技术最大的价值体现。参照参与性这一重要特质，可设计非线性规约路径：

（1）设定准入条件。针对区块链的风险，严格设定参与者和组织者的准入条件。设定学习机制，区块链的参与者在参与到区块链应用之前，必须完成区块链知识的学习，了解其风险。执行实名制，区块链的参与和组织者必须与真实的户籍姓名相对应，禁止征信系统中的失信人员进入。

（2）建立回滚机制。对区块链内部的不道德行为，如自私挖矿、双花、恶意攻击等行为，查封用户的账户，没收其不道德所得，禁止其再进入区块链领域。

（3）建立退出机制。健全虚拟货币交易所、设计者、组织者、参与者之间的转让、回购和清理机制。

协同规约路径强调，区块链有序的发展是参与者与组织者共同的责任，行政部门并不应该对区块链的发展过程实施过多的干预，更多应该是规则和机制的完善。协同规约路径具有四个优势：通过规则和机制的完善，能够明确区块链的发展方向，激发区块链团队的创新；因为并不涉及过多的过程性干预，它仅需要较小的行政成本；参与者风险意识的提升，风险辨识力的提高，有助于区块链应用的竞争；随着各区块链应用的竞争加剧，后期会形成行业内的垄断性公司，有利于实施行政监督。但是，协同规约路径也存在几个劣势：在缺少了行政的过程性干预后，增加了区块链参与者的风险，参与者对区块链技术的学习速度能否跟上区块链技术的发展速度是一个未知数；在放开行政干预的初期，会涌现出很多区块链团队和参与者，造成不平衡发展；区块链技术前期的多样性发展不利于行政干预和管理，容易形成社会的不稳定因素。

《规定》第4条明确："鼓励区块链行业组织加强行业自律，建立健全行业自律制度和行业准则，指导区块链信息服务提供者建立健全服务规范，推动行业信用评价体系建设，督促区块链信息服务提供者依法提供服务、接受社会监督，提高区块链信息服务从业人员的职业素养，促进行业健康有序发展。"理解此条，政府的本意依然是"指导""引导"为主，"监管"为辅，此态度说明了政府对于技术发展的鼓励态度，但与此同时，政府也意识到了技术存在的风险，在"引导"中探求更有效的规制方式是必要的。鉴于行政规制和协同规约路径的优缺点，采用两者相结合的方式也许更有利于区块链技术的快速稳定发展。在区块链技术发展的前期，行政规约路径能够提高大众参与的风险意识，推动区块链技术发展；在区块链技术发展的中后期，协同规约路径更加注重区块链技术的负责任发展。让所有受影响的个体、群体和区域都能参与技术的发展过程也许是更有效的路径，但无论选择何种方式，实现人、技术、社会的共同文明是我们追寻的共同目标。

参考文献：

[1] 邓建鹏. 对区块链监管草案的技术探讨 [N]. 证券日报，2018-11-10.

[2] 曹建峰. 全球互联网法律政策趋势研究 [J]. 信息安全与通信保密，2019（4）.

[3] 美林数据. 工信部发布《中国区块链技术和应用发展白皮书》（附 PDF 全文）[EB/OL]. （2018-02-27）[2020-02-26]. https://www.sohu.com/a/224324631_711789.

[4] 劳伦斯·莱斯格. 代码2.0：网络空间中的法律 [M]. 李旭，沈伟伟，译. 北京：清华大学出版社，2009：8.

[5] Juels，A.，Kosba，A.，Shi，E.. The ring of gyges：investigating the future of criminal smart contracts [C]. Vienna，2016.

[6] Atzori，M.. Blockchain technology and decentralized governance：is the state still necessary? [J]. Journal of governance and regulation，2017（1）.

[7] Ekparinya，P.，Gramoli，V.，Jourjon，G.. Double-spending risk quantification in private，consortium and public ethereum blockchains [J]. Eprint Arxiv，2018.

[8] 朱葆伟. 科学技术伦理：公正和责任 [J]. 哲学动态，2000（10）.

二、网络内容传播的监管

中国短视频的发展轨迹与治理困境
——从中国网络视听节目服务协会颁布的《网络短视频平台管理规范》《网络短视频内容审核标准细则》看短视频监管的困境

随着 4G 的普及与 5G 技术的高速发展，万物互联成为可能，移动互联网的互动性、即时性等特点，使得其应用不断渗入到人们的日常生活当中，信息技术的高速发展在给大众创造便利生活的同时，也以惊人的速度更替着受众的休闲习惯。

就目前中国短视频的发展看，国内短视频行业已经构成了生产传播的完整链条，既有专门做内容的机构，也有专门做平台的机构，还有既做内容又做平台的机构。但是，在新事物发展的过程中必然会出现规制之外始料未及的问题。

一、中国短视频发展的基本轨迹

2005 年，YouTube 的创立开视频自制分享平台之先河，在国外掀起了短视频制作分享热潮。在中国，时长 20 分钟的网络短片《一个馒头引发的血案》爆红，下载量击败电影《无极》，被认为是微电影的雏形。而由"一个馒头"引发的争议也随之而来。最引人关注的《无极》导演陈凯歌与《一个馒头引发的血案》的制作人胡戈之间的版权争议，最终演化为一场舆论战，无疾而终。

此后，短视频的前身"微电影"异军突起，优酷、土豆、搜狐视频等平台力推微电影，《青春期》系列、《老男孩》等微电影佳作涌现，不少知名导演、演员以及大量草根拍客也加入了微电影大军，无数网友拿起 DV、手机开始拍摄、制作。微电影推动了短视频的草根化，无意中培养了网友利用碎片化时间拍摄、制作、上传、观看短视频的意识。

20 分钟也成为微电影的一道分水岭。2013 年国内网络短视频应用开始兴起并快速发展起来。到 2015 年，中国网络短视频平台用户规模同比增长达401.3%。2016 年，中国短视频史上刻下了一个自称"集美貌与才华于一身的女子"的印记，她在网上叫 papi 酱。她将 3 分钟短视频的价值，推到了互联网内容创业的顶点。在那个时间节点，她估值 1 亿元，一条广告价值 2 200 万元，还有万千网友争相模仿。有报道称其为中国真正意义上短视频网红第一人。而网红带来的关于青年价值观、"审丑"现象、商业炒作等一系列的问题的讨论亦成为人们关注的热点。

最近两年，短视频行业可谓发展得极其火热，从一度流传的"南抖音北快手"一语中足以看出短视频是无年龄、无地域的全民狂欢娱乐活动。iiMedia Research（艾媒咨询）数据显示，2018 年中国短视频用户规模达 5.01 亿人，预计未来中国短视频行业用户规模仍将保持稳定增长态势。

作为当下正新兴的热门行业，未来短视频还有很长的路要走。2018 年艾媒咨询数据显示，处于短视频平台第一梯队的抖音和快手用户活跃数量维持在 2 亿左右，位居其后的西瓜视频和火山小视频用户活跃数量分别约为 6 700 万和 5 000 万。可见，短视频在一定阶段必然会迅速发展、影响社会，而如何对其进行引导也是未来相关部门的一大考验。

如上所述，短视频的野蛮生长也伴随着问题与焦虑。结合当下短视频市场现状、内容形态、用户体验等多方面因素可以看到，中国的网络短视频质量参差不齐。在短视频快速发展的过程中，需要有警惕意识，在短视频发展的道路上，需要不断进行修正和创新，以获得短视频的良性发展和可持续发展。从平台呈现方面来说，目前短视频的平台同质化现象严重。同质化的直接影响是可能导致短视频行业的恶性竞争，甚至行业生命力的透支。从内容表达方面来说，短视频受其时长和空间的形式限制，生命极具爆发力但却短暂易逝，可以说短视频具有一种"烟花效应"。目前短视频市场泛娱乐化比较严重，内容低俗化、重流量轻质量现象比较严重。从功能应用方面来说，短视频结合多领域发展，不断向商业化推进，已经可以预见在不久的将来，短视频将会全面进入全民变现时代。毫无疑问，短视频需要在商业化中推陈出新，获得更为鲜活的生命力，但如何玩转资本而不是被资本绑架需要更多实践经验。从社会价值方面来说，短视频的火爆催生出"娱乐至死"的警惕。弹指一挥间，在短视频平台上逗留的时光就过去了，时间被操控，人们在其中不知不觉地消耗了生命。

二、短视频发展中所伴随的问题

(一) 平台同质化现象严重

随着行业发展、内容提供者的增多，优质的内容反而逐渐成了稀缺的东西。随着竞争的加剧，更多的平台采取"以量取胜"的策略，反而导致同质化现象越来越严重，满屏都是搞笑、媚俗的吸睛伎俩，泛娱乐化现象严重。

在流量成为评判内容的主要标准以及变现成为众多平台追逐的目标的功利诱惑下，个别平台上的主播为了博眼球、迎合用户的猎奇心理，不惜以身犯险。比如早前快手平台的鞭炮炸裆、活吞蠕虫。经过有关部门对视频内容平台的监管，短视频平台对内容的把控虽然有所改善，但仍旧有一些"不可描述"的内容泛滥于各个短视频平台，比如吞灯泡、扎仙人掌等等。

"当一个现象级的短视频作品出现后，基于吸引流量的目的，同类型产品的数量会在一段时间内激增。"中国传媒大学电视学院副教授付晓光这样分析。而有些短视频平台也会因为想要快速获取流量和利润，对这类内容采取"睁一只眼闭一只眼"的策略。

短视频平台对劣质内容的默许和纵容，会逐渐形成一个恶性循环，导致同质化内容像滚雪球一样越来越多，用户黏性也随之降低。当然，也有些平台很快意识到了这种现象的弊端，开始注重内容。"只有持续生产优质的内容才能留住用户，短视频的发展归根结底是互联网碎片化时代用户对于优质内容的渴求。"美妆类短视频平台小红唇创始人、CEO姜志熹曾表示。

因此，短视频行业在经过迅速发展沉淀下来之后，若想再次实现其可持续的发展，内容本身的价值不容忽视。"行业成熟后，短视频用户口味将更挑剔，更注重短视频内容质量。"易观短视频分析师马世聪认为，平台应打造优质内容生态，包括内容生产、分发方式、培养用户互动等方面。

就目前的发展看，一些短视频平台开始尝试进行差异化的努力，比如以补贴的形式鼓励内容创作者，进而促使其为平台提供好的创意和制作；还有一些平台通过签约MCN机构获取流量和资源，并帮助内容创作者快速成长。

(二) 短视频内容低俗化现象严重

从2018年3月开始，多家短视频平台成为舆论的众矢之的。许多网友发现，在抖音、快手等主要短视频平台上，存在大量含有未成年妈妈、制假售假、危险动作模仿等低俗有害内容的视频。

堆了满桌食物，狼吞虎咽，不时朝镜头喊着"求关注求点赞"；以夸张妆容或奇装异服吸引眼球，却美其名曰"才艺表演"；趁同伴不注意搞恶作剧，甚至可能危及人身安全……一些视频上传者为求关注，不惜以出格行为哗众取宠，引发不少网友的吐槽。

为了追逐流量，很多视频制作者不惜上传不合规的内容，意在迎合观众的猎奇心理，而平台也为了流量与发展，对此视而不见。

"短视频时长较短，信息量有限，要出新出彩比较难。"清华大学新闻与传播学院教授陈昌凤表示，但吸引受众的方式并非只有搞笑与模仿，可尝试借鉴高端传统视听节目，吸收其中有益有趣的内容，这样才能有助于兼顾大众化传播和视频内容质量提升，体现更多人文价值和社会意义。

"领奖先要手续费，买个教训实在贵。陌生电话不牢靠，寄钱汇款是全套……"在快手平台上，"明Sir"有着210多万粉丝，这位网红警察来自湖北随县公安局洪山派出所，通过短视频宣传法律知识和防诈骗技巧，风趣幽默，获得了众多关注。

"一开始我不明白'举头望明月'的'举头'什么意思。"视频中的外国友人认真地回答问题。这则视频由一群中外年轻人组成的团队拍摄制作。"我们希望通过展示外国人在融入中国文化过程中的有趣经历，展现外国人在中国文化影响下，从觉得新鲜、困惑到尝试融入、最终互相理解的过程。"歪果仁研究协会创始人之一方晔顿介绍说。独特新颖的视角和街采问答的形式，让这些有趣的短视频广泛传播，目前该团队制作的80余支短视频点击量已超过20亿次，拥有600多万中外粉丝。

"在同质化和泛娱乐化趋势下，用户对单纯搞笑和夸张的视频已审美疲劳，注重文化特质和深度的内容会更受青睐。"方晔顿认为，短视频应兼具娱乐性和反思性，让用户在视听享受同时收获思考。

(三) 短视频商业化趋势加强

目前短视频行业的商业模式，主要有三种：广告营销、短视频电商、内容付费。短视频行业的广告营销主要分为传统广告和原生广告。传统广告主要是弹窗广告、开屏广告、积分广告等。传统广告主要是通过大数据实现精准的推送，提高客户转化率。但其"突兀"的出现常常会影响到受众观看短视频的体验，给受众带来厌恶的感觉。第二种是原生广告，其主要是以消费者平常的使用习惯切入，没有隔阂地融入消费者原有的体验。此广告形式对于需要相关产品的受众来说无疑是一种比较好的消费体验，但是，对于一些无法清楚分辨一则内容是广告还是信息的受众来说，此类广告有误导消费者的可能，实际上可以认为在打广告法的擦边球。

除此之外，众多电商也在利用短视频发展着自己的业务。因为短视频平台对于用户来说是一个集娱乐与社交于一体的平台，而电商主要满足的是用户购物的需求。短视频可以很好地拉近电商与消费者的距离，但是也带来了例如拜金主义、影响青少年价值观改变等社会问题。

最后一种是内容付费模式，该模式变现的程度还比较低，因为该模式对于优质内容的依赖程度还是比较大的。

短视频已经开始变现，但是变现的模式还在逐渐摸索中，如何在保证原本用户不减少的情况进行变现，将是短视频思考的问题。

(四) 短视频泛娱乐化明显

罗兰·巴特说："我们对世界的评价，不再取决于高贵和低贱的对立，而是旧与新的对立。"在消费主义的影响下，传统的价值观和评价标准对短视频质量的评判都受到了忽略甚至质疑，影视节目本是反映时代精神和生活本质的，但是某些节目特别是追求"短平快"的短视频却为了追求眼球效应，故意设置庸俗环节，把类似"妻子视狗如命，老公竟成第三者！""坐高铁上门，打一顿媳妇再回家""妻子流产竟然是姐姐下药？"等耸人听闻的语句当作节目的标题；为了达到吸引受众、取乐受众的目的，视频中时常出现要素不全、来源不确定、事实不清，以及人为使新闻情节化、故事化，将事实局部夸大的现象。这些人为设置娱乐元素的做法，就是为了制造噱头，以吸引观众眼球。

还有在短视频刚刚兴起时即频频出现的许多恶搞历史、恶搞文化的作品，人们常常觉得恶搞好笑，可以使紧张的神经获得些许的放松，但是在娱乐化外表的包裹下，受众就会失去一定的辨别能力，使得其只有在深入思考后才能意识到自己的无知与麻木。特别是那些无底线恶搞红色经典、歪曲英雄人物的事件频频发生，这就使得历史难以得到真实的传承。历史与经典人物表现出来的精神会激励后代前行，而过分恶搞、消遣历史、消解崇高的精神会使得新一代的年轻人更加无法了解真正的历史，甚至对历史产生误解。2018年1月一段恶搞红色经典的视频备受关注，一段两分钟的恶搞《黄河大合唱》的视频在网上流传。视频中，四名男生和五名女生，跟随着《黄河大合唱》的节奏摆动身体，摇头晃脑，通过对口型的方式恶搞《黄河大合唱》，丑态百出，引起舆论关注。而就在接下来的一个多月内，多个恶搞黄河大合唱的版本在网络上传播。虽然始作俑者最终受到了行政处罚，但其恶劣的传播后果是不可测量的。2018年10月7日，虎牙直播平台上的网红女主播"莉哥OvO"，在进行网络直播时，公然篡改了国歌的曲谱。她在唱国歌时嬉皮笑脸，挤眉弄眼，行为举止完全违背了唱国歌时应有的庄严感。她的这一行为迅速被各大网友采用录屏的形式进行了广泛的传播，登上了微博热搜榜引发了网友热议。很多人认为主播只是娱乐一下没什么大不了，也有网友认为这个行为触犯了法律应该受到法律的制裁。在进行恶搞的时候，很多人都抱着娱乐的态度，但在娱乐的同时要注重社会的公序良俗，要在道德和法律的约束下进行娱乐，无底线的恶搞触犯了道德和法律的红线，是极其不可取的，应该引起社会各方面的重视。

要提高网民对无底线恶搞行为的辨别能力，树立伦理道德意识是必不可少的，但是法律底线的建立也是必不可少的。2019年颁布的《网络短视频平台管理规范》（以下简称《规范》）与《网络短视频内容审核标准细则》（以下简称《细则》）从平台责任、内容审核方面对短视频的传播提出了要求。

三、《规范》和《细则》出台的意义

《规范》和《细则》针对网络视听领域存在的不足和薄弱环节，分别对开展短视频服务的网络平台以及网络短视频内容审核的标准进行了规范。《细则》明确了短视频节目中不得出现的21类、100项内容，丧文化、一夜情、非主流婚恋观等都不得出现在短视频中。

根据《规范》，网络短视频平台应当建立总编辑内容管理负责制度，且网络短视频平台应该根据其业务规模，建立审核员队伍。网络短视频平台实行节目内容先审后播制度，平台上播出的所有短视频均应经内容审核后方可播出，包括节目的标题、简介、弹幕、评论等内容。《规范》还规定了短视频平台应当切实履行版权保护责任。

《规范》除了对平台责任做出了相关规定，针对短视频内容管理的规定还涉及内容制作者、传播者以及其他相关责任人。《规范》与《细则》必将对短视频领域的发展产生影响。分析其亮点主要包括：

（一）先审后播，平台审核范围扩展至弹幕

新规中讨论度最高也最吸睛的关键词是"先审后播"。

《规范》明确，网络短视频平台应当积极引入主流新闻媒体和党政军机关团体等机构开设账户，提高正面优质短视频内容供给。网络短视频平台实行节目内容先审后播制度。平台上播出的所有短视频均应经内容审核后方可播出，包括节目的标

题、简介、弹幕、评论等内容。此前，先审后播制度只应用于影视综艺等视频内容，而今，此项制度在短视频中同步生效，也在一定程度上表明相关部门对短视频平台的监管力度正在向影视综艺等内容平台看齐。

关于审核员制度，《规范》提出，网络平台开展短视频服务，应当根据其业务规模，同步建立政治素质高、业务能力强的审核员队伍。审核员应当经过省级以上广电管理部门组织的培训，审核员数量与上传和播出的短视频条数应当相匹配。原则上，审核员人数应当在本平台每天新增播出短视频条数的千分之一以上。

从 2018 年开始，各主流短视频公司开始大量招聘"内容审核编辑"岗位，要求"有良好的政治觉悟与素养优先，有较强的政治敏感度与鉴别能力优先，共青团员和党员优先"。2018 年 7 月，国家网信办会同工信部、公安部、文化和旅游部、广电总局、全国"扫黄打非"办公室等 5 部门，开展网络短视频行业集中整治。

而《规范》的出台必将促使各短视频平台进一步扩编审核人力。除了审核成本上升的影响外，在内容方面，短视频平台也会受到较大的影响。尤其是以弹幕为特色的平台。

弹幕和评论本来就是观众表达态度的途径，审核虽能过滤一些违规违法内容，但也可能对用户的表达积极性造成影响，甚至会成为平台控评的手段。尤其对于弹幕而言，作为用户观看视频过程中的一种实时互动方式，弹幕已经被众多年轻群体接受并使用，弹幕量甚至已经成为衡量视频热度的一个维度。弹幕经审核后发布不仅将增大短视频平台的审核难度，也很可能会影响用户交流的即时性，进而影响观看体验。倘若用户对弹幕失去了兴趣，那么平台也要面对用户流失的难题。内容创业者创作受限，其中鬼畜视频最受挫。

（二）版权保护成为新规一大亮点

《规范》的内容中涉及大量关于版权保护的内容。比如：网络短视频平台不得转发 UGC 上传的电影、电视剧、网络电影、网络剧等各类广播电视视听作品片段；在未得到 PGC 机构提供的版权证明的情况下，也不得转发 PGC 机构上传的电影、电视剧、网络电影、网络剧等各类广播电视视听作品片段；不得转发国家尚未批准播映的电影、电视剧、网络影视剧中的片段，以及已被国家明令禁止的广播电视节目、网络节目中的片段；等等。

从新规的内容来看，最受冲击的可能还是鬼畜和影视解说内容，其内容创作者也将会成为最受影响的人。据此新规，一般的普通用户不再享有上传影视剧综的权利，平台 UP 主的搬运能力也或将受到限制。

不过，在 2018 年 12 月的微博易商学院大咖讲堂第一期的课程中，影视解说头部大 V "小片说大片"的创始人片片在回答"100 条新规对自己的影响"时表示，"目前的影响并不大，一般正规平台对影视作品是有版权的，除了片方的商务合作之外，视频网站也会要求自媒体配合产出内容，但是内容创业者一定要产出正能量的内容，不要触及红线"。

因此，在新规框架内，平台或者大量引入版权，或者降低影视解说与鬼畜内容的权重。而对于媒体内容的创作者来说，产出有版权的内容显得更为重要。在内容方面，《规范》明确，网络短视频平台不得未经授权自行剪切、改编电影、电视剧、网络电影、网络剧等各类广播电视视听作品，不得转发 UGC 上传的电影、电视剧、网络电影、网络剧等各类广播电视视听作品片段。在未得到 PGC 机构提供的版权证明的情况下，也不得转发 PGC 机构上传的电影、电视剧、网络电影、网络剧等各类广播电视视听作品片段。

网络短视频平台应当遵守国家新闻节目管理规定，不得转发 UGC 上传的时政类、社会类新闻短视频节目，不得转发尚未核实是否具有视听新闻节目首发资质的 PGC 机构上传的时政类、社会类新闻短视频节目。

(三) 短视频平台应设未成年人家长监护系统

网络短视频平台应当建立未成年人保护机制，采用技术手段对未成年人在线时间予以限制，设立未成年人家长监护系统，有效防止未成年人沉迷短视频。但技术毕竟有其"傻瓜性"，要想真正保护未成年人身心健康，还是需要依靠监护人、老师及社会的综合力量。

(四) 不得宣传非主流婚恋观等内容

《细则》明确，损害国家形象的短视频将被一律禁止。包括篡改、恶搞国歌的，在不适宜的商业和娱乐活动中使用国歌，或在不恰当的情境唱奏国歌，有损国歌尊严的，以及节目中人物穿着印有党和国家领导人头像的服装鞋帽，通过抖动、折叠印有头像的服装鞋帽形成怪异表情的。

损害民族与地域团结的内容也将被禁止。包括通过语言、称呼、装扮、图片、音乐等方式嘲笑、调侃、伤害民族和地域感情、破坏安定团结的内容。

宣传和宣扬丧文化、自杀游戏，展现同情、支持婚外情、一夜情等的内容，由于属于宣扬不良、消极颓废的"三观"，将被禁止。

《细则》明确禁止短视频中出现展示淫秽色情，渲染庸俗低级趣味，宣扬不健康和非主流的婚恋观的内容。包括展示和宣扬不健康的婚恋观和婚恋状态、宣扬和炒作非主流婚恋观等的内容。

《细则》规定，网络短视频不可侵犯个人隐私，恶意曝光他人身体与疾病、私人住宅、婚姻关系、私人空间、私人活动。破坏生态环境，虐待动物，捕杀、食用国家保护类动物等内容均不得出现在短视频中。

《规范》和《细则》的发布对于平台和自媒体内容创业者来说，在初期会成为一定的掣肘，需要适应与调整。但就长远的社会利益来说，其会对整个短视频领域的大环境起到"清理"的作用。比如平台大量增加审核人员与人工费用虽然短期内会造成大量的资金压力，但从长期来看可能会倒逼平台的机审算法升级，中短期则可能会让短视频平台考虑如何从源头上先"杀死"那些价值不高的内容。最简单直接的方式可能就是提高 UGC 用户的准入门槛。而在自媒体内容创业者来看，新规的发布能够从根源上驱逐"劣币"，给自媒体内容创业者一个净化的空间以制作更优质的内容。

参考文献：

[1] 解夏. 短视频发展简史：从 20 分钟到 15 秒的新秩序［EB/OL］.（2018-06-04）［2020-02-26］. https://baijiahao. baidu. com/s? id＝1602354699216767642＆wfr＝spider&for＝pc.

[2] 2019 年中国短视频行业发展现状及未来发展趋势解读［EB/OL］.（2019-05-21）［2020-02-26］. https://www. iimedia. cn/c1020/64432. html.

[3] 张智华，李紫砚. 论中国网络短视频的发展［J］. 中国电视，2019（5）.

[4] 短视频或步直播后尘 平台同质化趋势渐显［EB/OL］.（2017-08-31）［2020-02-26］. https://www. sohu. com/a/168639938_134438.

[5] 人民日报调查短视频内容低俗问题：须优化算法推荐［EB/OL］.（2018-07-23）［2020-02-26］. https://baijiahao. baidu. com/s? id＝1606750170974533312&wfr＝spider&for＝pc.

[6] 短视频目前的商业模式［EB/OL］.（2019-05-13）［2020-02-26］. https://baijiahao. baidu. com/s? id＝1633425568051341306&wfr＝spider&for＝pc.

[7] 网络短视频内容审核标准细则大家怎么看？［EB/OL］.（2019-01-10）［2020-02-26］. https://www. zhihu. com/question/308650452/answer/581559249.

[8] 倪伟. 网络短视频平台规范和内容审核细则发布 节目将先审后播［EB/OL］.（2019-01-10）［2020-02-26］. http://media. people. com. cn/n1/2019/0110/c40606-30513476. html.

从相关文件看国家广电总局对于
受众意识形态的引导
——国家广播电视总局发布《关于进一步加强广播电视和网络视听文艺节目管理的通知》

"互联网技术和新媒体改变了文艺形态，催生了一大批新的文艺类型，也带来了文艺观念和文艺实践的深刻变化。"国家广电总局结合了党的十八大以来国家广播电视网络视听业务的发展情况，认为："各广播电视播出机构和网络视听节目服务机构围绕中心、服务大局，积极创新创优，不断推出人民群众喜闻乐见的优秀节目，文艺创作呈现出良好态势。但是，一些文艺节目出现了影视明星过多、追星炒星、泛娱乐化、高价片酬、收视率（点击率）造假等问题，不仅推高制作成本、破坏行业秩序生态，而且误导青少年盲目追星，滋长拜金主义、一夜成名等错误价值观念，必须采取有效措施切实加以纠正。"因此，为了确保广播电视和网络视听文艺节目健康有序发展，国家广播电视总局发布了《关于进一步加强广播电视和网络视听文艺节目管理的通知》（以下简称《通知》），该《通知》不仅结合了广播电视的新发展、新变化与新特点，也综合了近些年着力强化四项工作举措，积极促进网络视听阵地意识形态建设和管理。从历史梳理来看，虽然根据国家与社会发展的不同，党和国家对于社会意识形态的内容要求有所不同，但亦有相同之处，即对社会主义意识形态工作的重视程度。社会主义意识形态已经成为社会软实力最为重要的组成部分。

一、社会主义意识形态的发展历程

从建党以来，意识形态工作即被上升到一个很高的位置。在新中国成立前的战乱年代和新中国成立初期，毛泽东曾指出，"掌握思想教育，是团结全党进行伟大政治斗争的中心环节"，"掌握思想领导是掌握一切领导的第一位"。在推进拨乱反正、实施改革开放的进程中,邓小平鲜明提出必须始终坚持四项基本原则,并且把坚持四项基本原则作为党的基本路线的重要内容。他指出:"改善党的领导,其中最主要的,就是加强思想政治工作"。改革开放以来,我们始终坚持物质文明和精神文明"两手抓、两手都要硬"。江泽民、胡锦涛关于社会主义意识形态工作也都有很多深刻的论述。例如江泽民提出:"意识形态领域是和平演变与反和平演变斗争的重要领域……思想宣传阵地,社会主义思想不去占领,资本主义思想就必然会去占领";胡锦涛指出:"意识形态领域历来是敌对势力同我们激烈争夺的重要阵地,如果这个阵地出了问题,就可能导致社会动乱甚至丧失政权"。习近平总书记高度重视意识形态工作,并进一步指出,一个政权的瓦解往往是从思想领域开始的,思想防线被攻破了其他防线就很难守住,强调意识形态工作是党的一项极端重要的工作。习近平总书记在新进中央委员会的委员、候补委员学习贯彻党的十八大精神研讨班上的讲话中曾指出:"苏联为什么解体?苏共为什么垮台?一个重要原因就是意识形态领域的斗争十分激烈,全面否定苏联历史、苏共历史,否定列宁,否定斯大林,搞历史虚无主义,思想搞乱了,各级党组织几乎没任何作用了,军队都不在党的领导之下了。"

就目前的局势看,中国意识形态的工作并非没有波折,其随时面临外来的意识形态的渗透性挑战,也面临着内部主流意识形态面临的时代的挑战。纵观我们党领导下的意识形态工作,尽管所处历史环境、面临的国际国内形势、需要解决的历史任务不同,但贯穿意识形态理论的内在演进逻辑及基本精神都是一致的,即坚决维护我国社会主义意识形态的安全,坚持马克思主义在意识形态领域的主导地位。而视听节目作为大众娱乐的主要方式之一,其传播的内容会对大众起到潜移默化的影响。

二、视听节目对于国家意识形态的重要性

从以报纸、电视、广播为代表的传统媒体出现到现在,媒体已经无所不在地进入了百姓的生活中,改变着人们的思想认识和生活方式。电视节目是社会主流意识形态表达的重要手段,也是大众文化趋势发展的标识,它为人们的价值观和思想指引了方向,为社会的整合创造了条件,可以说电视节目已经深入我们社会中的每一个角落。从传统的电视剧到自制网络剧,从相声小品到脱口秀、真人秀等各种综艺节目,它们无不渗透着节目制作者想要传播的意识形态的踪影。

以真人秀节目为代表,当前各类爆红的综艺节目成为万千公众关注的焦点,而

因为节目带红的众多明星更是成为公众争相追逐甚至模仿的对象，例如被公认为标志着中国真人秀热潮到来的节目——湖南卫视的《超级女声》，这档节目使得很多天真烂漫的、盲目追风的女生们被虚幻的造星运动迷得如痴如狂，花掉了大量的时间、精力和金钱，不少人的生活与学习受到了不同程度的影响。从更广的层面上说，这场造星秀使得越来越多的少女产生了从草根一夜成"星"的幻想，滋长了少男少女的投机心理，张扬了"读书无用论"的社会价值。紧随其后，东方卫视的《我型我秀》、央视的《梦想中国》等节目进入公众的视野，它们共同的节目模式是"平民＋选秀"，当然其中也包含着相同的价值意识，如草根的一夜成名、娱乐的泛化。当然也存在不同之处，例如在节目的定位上，当时《梦想中国》的主持人兼总策划李咏即声明："现在的造星节目像潮水般涌来，我们无意与类似的比赛对比，因为出发点完全不同。《梦想中国》是节目，不是商业运作。"

除了真人选秀节目，江苏卫视的大型情感类相亲节目《非诚勿扰》、湖南卫视的亲子类节目《爸爸去哪儿》等等综艺类节目都屡创收视佳绩，而其中的众多段子也对追逐并喜爱它们的受众产生了思想上的影响，例如《非诚勿扰》节目中一位女嘉宾的"金句"——"宁愿坐在宝马车里哭，也不愿坐在自行车上笑"，引起了无数少女"想找个有钱人"的共鸣，并将这种高调的拜金主义、不劳而获的价值意识上升到"不以为耻，反以为荣"的高度。当然，国家广播电视总局也发现了这些视听节目所引导的不良的意识形态，因此，行动起来，做出相关的规定，调整意识形态引导的风向标势在必行。

三、《通知》对于公众意识形态的引导与调整

（一）不同媒体同一标准

一般情况下，广播电视媒体大多为国有资产，而视频网站大多为民营企业。尽管广电总局一直强调"一把尺子、一个标准"，但在实际操作中，因为互联网的特性及其作为新兴事物还处于发展与被认识中，相比网络视听节目的机动性强的特点，广播电视受到的限制更多。国家广播电视总局发布的《关于进一步加强广播电视和网络视听文艺节目管理的通知》，从其命名上即已经明确了这则文件规范的对象，而其内容里面更有"坚持政治家办台办网办节目"的表述，这都意味着广电总局已经将视频网站也纳入文宣管理体系之中。

网台平权，是该《通知》的亮点。《通知》在规范上星综合频道嘉宾片酬比例

后面，还加了一句"重点网络视听节目服务机构的网络综艺节目也要符合上述规定，上线前向国家广播电视总局报备以上信息"。电视剧与网络剧被合并同类项，也给出了不超过40%、70%的片酬比例，并且给出了违规具体惩戒措施。这不仅说明广电总局对于互联网的重视，也说明网络近些年已经发展成为影响公众价值观与意识形态的重要平台。

"如果出现全部演员总片酬超过制作总成本40%的情况，制作机构需向所属协会（中广联制片委员会、电视剧制作产业协会或中国网络视听节目服务协会）及中广联演员委员会进行备案并说明情况。无正当理由或隐瞒不报的，一经查实，由所属协会上报国家广播电视总局，视情况依法采取暂停直至永久取消剧目播出、制作资质等处罚措施。"从该条款的惩罚力度可见广电总局此次对于该《通知》执行的决心，对于视听节目引导公众正确意识形态的重视。

（二）调整视听节目中演员的片酬，控制明星的负面效应

《通知》提到，行业主管部门要加大惩戒力度，对违反规定的电视剧网络剧（含网络电影）演员，定期向社会公布名单并实施联合惩戒。

《通知》还规定，各节目制作和传播机构要坚守社会责任，始终把社会效益放在首位，坚决向追星炒星、过度娱乐化、低俗媚俗、高价片酬等说"不"，合理控制明星、嘉宾片酬额度，严把内容关、导向关、人员关、片酬关，确保社会责任得到履行。

该《通知》措辞的严厉，在广电系统是罕见的。以往很多问题、很多具体的规约都是通过行业协会下达的。但这次不一样，《通知》是由总局直接下达，是不折不扣的行政律令。"十二道金牌"接踵而至，意味着中央下了决心，总局有了办法。

很显然，追星炒星、过度娱乐化、低俗媚俗、高片酬这四个方面，以及收视率和点击率造假，将是整治的重点。

经过负面新闻的轮番轰炸，影视行业的社会评价已到谷底。所剩不多的无条件的支持者，基本上都带有一种对明星的盲目追随。但他们恰恰是追星炒星和过度娱乐化的主力。提高这支队伍的素质是比较困难的事情，因此，首先将他们限定在"圈地自萌"的空间内，不让他们来制造热搜，干涉创作，可能是最好的选择。

关于低俗媚俗的问题，趣味和趣味的斗争是长期的。情趣高雅的好作品多了，三俗作品必然会减少。关于高片酬的问题，需要依靠税务的补缴法则和未来章程的明确规定来解决。

（三）对视听节目中意识形态的引导与调整

广播电视和网络视听机构要坚持党管人才、党管文艺队伍建设，突出抓好文艺人才教育、培养和管理，以增强脚力、眼力、脑力、笔力为根本着力点，提高文艺工作者政治素养、业务能力、职业精神，进一步加大对领军人才和青年拔尖人才的培养力度，加大与新文艺组织、新文艺群体的联系。各级收听收看、监测监管机构要加强节目监听监看工作，及时发现、及时研判、及时报告、及时处置。

党不但要管干部，还要管人才。人才管理以后不分体制内外了，也不分国有民营了，既然从事了视听节目的相关工作，就需要对该工作有清醒认识。

对于视听节目来说，群众不满意，领导也不满意，意识形态是不会稳的。

但有一点需要注意，虽然广电总局有要管好的导向，但还是要兼顾市场规律。中国影视行业今天蓬勃发展的局面来之不易，不能"孩子和洗澡水一起泼掉"。市场规律必然有其存在的价值，完全回到"行政集中"的发展轨迹上肯定也是不可以的。

（四）涉及范围广泛，涉及人数众多

广电总局关于部署落实《通知》的电视电话会议，在全国设立了33个分会场，共计1 200人参加，包括总局机关各部门、有关直属单位、相关行业协会、中央广播电视总台、电影频道节目中心、中国教育电视台相关负责同志、部分电视节目和电视剧制作机构、中央重点新闻网站和重点网络视听节目服务机构与制作机构负责人、各省（区、市）广播电视局、台主要负责同志和相关负责同志。

就开会范围来说，各级管理部门全部在内，重点制片单位也都到位了。电视平台在内，视频平台也在内。传统广电内容被严格固定，网络视听节目也被严格规定。可见，广电总局此次《通知》涉及范围广泛，必将导致制作机构大幅洗牌。那么，下一步谁会凤凰涅槃，谁将黯然出局，谁将成为未来引导社会意识形态的主力，还需要拭目以待。

参考文献：

[1] 习近平在文艺工作座谈会上的讲话 [EB/OL].（2014-10-15）[2020-02-26]. http://culture.people.com.cn/n/2014/1015/c22219-25842812.html.

[2] 毛泽东. 毛泽东选集：第3卷 [M]. 2版. 北京：人民出版社，1991：1094.

[3] 毛泽东. 毛泽东文集：第2卷 [M]. 北京：人民出版社，1993：435.

［4］邓小平. 邓小平文选：第2卷［M］. 2版. 北京：人民出版社，1994：365.

［5］1991年7月1日 江泽民在建党70周年大会上作重要讲话［EB/OL］. (2003-08-01)［2020-02-26］. http://www. people. com. cn/GB/historic/0701/ 2148. html.

［6］十六大以来重要文献选编：中［M］. 北京：中央文献出版社，2011：318.

［7］十八大以来重要文献选编：上［M］. 北京：中央文献出版社，2014：113.

［8］王海滨. 做好新时代意识形态工作的四个着力点［EB/OL］. (2019-03- 15)［2020-02-26］. http://theory. people. com. cn/n1/2019/0315/c40531- 30977967. html.

关于网络色情内容的界定
及其有效控制方式的探讨
——以"扫黄打非"部门整治涉黄内容为例

一、2019 年，相关部门整治网络低俗内容概况

2019 年 4 月 9 日，全国"扫黄打非"办公室官方微博公布："近日，为严厉打击传播低俗信息行为，营造风清气正的网络文化环境，全国'扫黄打非'办公室决定在全国范围内开展网上低俗信息专项整治。"

此次专项行动于 2019 年 4 月启动，将持续开展 8 个月，综合运用行政管理、行业规范、道德约束等多种手段，着力解决群众反映强烈的突出问题，重点清理：网络传播淫秽色情和夹杂淫秽色情信息的内容；以"性"为卖点，不适合传播的内容；宣扬违背正确婚恋观和家庭伦理道德的内容；网络恶搞、调侃等迎合低级趣味的内容；宣扬暴力、血腥、恐怖、残酷的内容；等等。

全国"扫黄打非"办公室要求各地"扫黄打非"办公室充分发挥指导、督办作用，组织协调网信、工信、公安、文化和旅游、市场监管、广播电视等"扫黄打非"部门，紧盯网络主战场，重点排查网络文学、直播、短视频、网络游戏、微博、微信等平台，清理网络文学作品存量，对内容格调低俗的要及时下架下线，对价值导向出现偏差，含有法律法规禁止内容的予以查处；严厉打击利用低俗猎奇内容等手段吸引流量的直播；督促网络接入服务提供者、应用商店不得为无资质的网络直播平台提供接入、分发服务；坚决清理恶趣味、传播错误价值观念的短视频；严肃查处以打"擦边球"为噱头、通过低俗手段营销的网络游戏；严厉打击利用微信公众号、微博、贴吧、论坛等渠道引流低俗内容的行为；大力整治登载低俗弹窗广告的网站和传播低俗弹窗广告的广告联盟。

全国"扫黄打非"办公室负责人表示，此次专项行动坚持网上网下统筹管理，统一标准、统一尺度。网络企业要认真开展自查自纠，于专项行动开始 30 日内对存量内容进行全面清查，彻底清理存量低俗信息，严格审核增量信息。行政管理部门对低俗内容坚决予以下架下线；对自查自纠不到位的进行约谈，明确提出整改要求；对拒不整改的坚决予以罚款、停业整顿直至关停；对多次出现问题的企业、个人在处罚的同时纳入相关领域严重失信黑名单。

二、网络色情的定义

根据《刑法》的相关规定，淫秽物品是指具体描绘性行为或者露骨宣扬色情的诲淫性的书刊、影片、录像带、录音带、图片及其他淫秽物品；同时，《刑法》也规定，"有关人体生理、医学知识的科学著作不是淫秽物品"，"包含有色情内容的有艺术价值的文学、艺术作品不视为淫秽物品"。可见，在法律中，"淫秽"是不被容忍的，而对于"色情"，只有做出"露骨宣扬"行为才会被法律所禁止，具有"艺术价值"的"色情"并不被禁止。但是，"艺术价值"本身就是难以客观评价的，主观性很大。有学者认为："尽管淫秽和色情材料都是反映性，都是以刺激性欲为目的，具有共同点，但是我们还是可以通过制作动机，使用范围和达到的客观效果来加以区分的。"也有学者认为色情信息构成了人类的非理性，是与理性的存在一样正常的，因此也是不可能从根本上清除的。

虽然对于淫秽与色情没有一个公认的定义，但基本共识还是有的，即淫秽是一种比较严重、比较极端的色情。根据美国最高法院的解释，淫秽作品不受宪法第一修正案的保护，一般的色情作品则在宪法第一修正案保护的范围内。但什么信息可算作色情，什么信息可认为是淫秽？相关限定词"极端"本身也是一个很难量化的概念，二者之间的界限并不是很明确。

我国新闻出版署于 1998 年 12 月 27 日发布施行的《关于认定淫秽及色情出版物的暂行规定》的第 2 条及第 3 条规定通过列举法对淫秽出版物与色情出版物进行了界定：

"第二条　淫秽出版物是指在整体上宣扬淫秽行为，具有下列内容之一，挑动人们的性欲，足以导致普通人腐化堕落，而又没有艺术价值或者科学价值的出版物：

"（一）淫亵性地具体描写性行为、性交及其心理感受；

"（二）公然宣扬色情淫荡形象；

"（三）淫亵性地描述或者传授性技巧；

"（四）具体描写乱伦、强奸或者其他性犯罪的手段、过程或者细节，足以诱发犯罪的；

"（五）具体描写少年儿童的性行为；

"（六）淫亵性地具体描写同性恋的性行为或者其他性变态行为，或者具体描写与性变态有关的暴力、虐待、侮辱行为；

"（七）其他令普通人不能容忍的对性行为的淫亵性描写。

"第三条　色情出版物是指在整体上不是淫秽的，但其中一部分有第二条（一）至（七）项规定的内容，对普通人特别是未成年人的身心健康有毒害，而缺乏艺术价值或者科学价值的出版物。"

考察一些国家的相关法律，目前国际上比较通行的认定网络色情的标准主要是：凡以 E-mail 或浏览器推送的形式，未经当事人许可强行发送带有淫秽内容的行为；在专供成年人浏览的网页上未标记不准未成年人进入；利用网络实行色情诈骗，以及诱骗女性、儿童进行性侵犯；跟踪、解析他人 IP 地址以对他人进行性骚扰等实质性地对他人实施了性侵害的行为；等等。

2006 年颁布的《治安管理处罚法》规定，"制作、运输、复制、出售、出租淫秽书刊、图片、影片、音像制品等淫秽物品或者利用计算机信息网络、电话以及其他通讯工具传播淫秽信息的"构成违法。因此，当公民仅仅是"浏览""查阅"淫秽物品时，不构成违法。在美国，成人色情活动也属于合法行为。色情被视为一种私人表达方式，因此受到美国宪法第一修正案（保护言论自由）的规范和保护。但色情言论或表达一旦被法律定性为"淫秽"，它就不受宪法第一修正案有关言论自由权的保护了。至于什么才算"淫秽"，美国也没有统一、固定的标准。

虽然成人色情信息的传播大多处于法律监管之外，但是，以儿童为主体的色情淫秽信息的传播是需要坚决打击的。包括美国在内，儿童色情被广泛视为淫秽，不为社会所接受。

根据联合国《〈儿童权利公约〉关于买卖儿童、儿童卖淫和儿童色情制品问题的任择议定书》第 2 条的定义，儿童色情制品系指以任何方式表现儿童正在进行真实或模拟的直露的性活动或主要为取得性满足而以任何方式表现儿童身体的一部分的制品。而在《儿童权利公约》基础上发展出来的任择书亦说明了儿童受到性侵的危害性及严重性。共青团中央权益部副部长姚建龙认为："儿童色情的特点是以儿童为淫秽图片、音视频、文字等色情信息的表现载体或者鼓吹对象，其制作、复制、传播甚至浏览、持有等行为本身即包含着对儿童的性侵害及二次伤害，并会给一般儿童带来巨大的性受害风险，属于国际社会共同严厉谴责和打击的丑恶现象。"爱德华兹·苏珊（Edwards Susan）认为，儿童色情是"对强奸、虐待和折磨儿童的再现"。然而，还有一些人认为儿童色情是一种情感，而这种情感是有问题的。他们认为目前的情况是，对儿童性行为的描写越来越缺乏宽容，实际上是公然地将儿童性别化，这意味着法律所做的与它预想的恰恰相反。

梳理相关定义可见，在理论上除了对儿童色情淫秽传播物的打击是有全球共识的，其他关于淫秽与色情的认识并不统一，因此，在打击相关行为时，必然也会存在争议。

三、网络色情的控制方式

因为理论上的混乱，中国在色情信息的管控上，虽然近些年有所成效，但也存在一些问题。

（一）我国目前对于色情信息主要的控制方式

现今国内对于色情信息的控制方式主要有两种，其一是每年常规进行的"扫黄打非"行动，其二是相关的法律法规的执行。

关于网络媒体和手机媒体的"扫黄打非"政策延续成型于 20 世纪 80 年代初的"扫黄打非"工作，当时的决策者直接把淫秽色情视作危害人们身心健康、污染社会文化环境的文化垃圾，而对之全盘否定。三十多年过去了，社会的发展和人们认识的改变使得这种简单的"一刀切"举措暴露出越来越多的问题。比如 2002 年 8 月，陕西省延安市的一对新婚夫妻在家看黄碟被抓，成为当年轰动全国的焦点事件。当时人们更多地将讨论重心放在了公权力和私权利的矛盾冲突上，此事件也被当成一起恶劣的侵犯民事权利的案件，而其背后所蕴含的有关性的理论却未引起人们的深切关注。所以直到现在，国人对性作品如何影响性行为，以及什么人有权做出他人可以看什么不可以看什么的决定，这些核心的问题都缺乏深刻理性的讨论和认知。国内扫黄举措对人类基本性需求的忽略也带来了诸多的负面效应。一方面，当人们无法从正常的途径获得正常的需求满足时，必然会滋生出不正常的获取途径。长此以往，我们将很难真正地从性中解放出来，只怕社会将朝向更糟糕的方向脱轨。另一方面，也造成了政府日益失信于民，公众严重怀疑政府的智慧，形成反向解读习惯的局面，使得政府的许多传媒政策有名无实。

就相关法律政策来看，相关文本比较僵化。在各类政策与法规的文本中，其语言表达笼统、简单重复。在很多涉及内容规制的条文中，我们可以频繁看到那九条被禁止的内容，如有关淫秽、色情信息的规定是："（七）散布淫秽、色情、赌博、暴力、凶杀、恐怖或者教唆犯罪的"。具体何为淫秽、何为色情，我们却很难找到更具体的解释。在整治互联网低俗之风专项行动中形成的"低俗十三条"，虽然对此有了更进一步的解释，但带来的却是更多的困惑。全国"扫黄打非"办的工作人员在一次接受媒体采访中表示，根据"低俗十三条"，许多原本应该是黄色内容的信息却被列入低俗内容的范围中去了。所以他们也难以说清黄色和低俗之间的区别。而"低俗十三条"中"以庸俗和挑逗性标题吸引点击的内容""直接暴露和描写人体性部位的内容"等标准却又缺乏可操作性，就连专职的工作人员都难以辨别，更遑论他人。所以也就出现了2012年7月9日11点49分，央视在播出意大利文艺复兴名家名作展报道时，将米开朗琪罗著名雕像大卫·阿波罗生殖器部位打上马赛克的事件。这些都反映出了我们国内从管理部门到媒体人士对色情信息认识的幼稚程度。

（二）对我国未来色情内容有效控制方式的探讨

1. 实行网络分级制度

关于在法律、政策和观念上重新审视对待色情内容的态度的呼声一直存在，究其原因，一方面是由于技术和管制手段的现实限制，另一方面是基于社会道德演进后人们的现实需求，对色情内容的一味禁绝既不可能，也没有必要。因此，实行色情内容分级管制，对不同性质和程度的色情内容进行分级管理，允许不同的对象接触不同的内容，该治理途径从理论角度分析是具有可行性的。

而从目前现实的色情内容管理看，我国网络信息分级体系尚未建立，对于网络色情信息与其他的性教育、性知识、性文化没有明确的区分，更不要说把涉嫌色情的内容分为普通级、一般限制级和严格限制级。一些网站及不法分子常利用这一可乘之机，以"性教育"和"性知识宣传"的名号为掩护，打"擦边球"，传播色情内容。尽管色情内容的危害很清楚，但是对于处于边缘状态的信息，因为没有明确的判断标准，因而很难以法律或行政手段对传播这些信息的行为予以管制和制裁。

《关于认定淫秽及色情出版物的暂行规定》尽管对淫秽出版物与色情出版物进行了界定，但如前面的讨论所说，其并不很详细，特别是在网络上适用时会出现各种适应问题。因此，当务之急应该是尽快制定出判断网络色情信息的标准并实行网络分级制度。

需要注意的是，网络分级制并不是为了使网络色情合法化，事实上，它是有效扼制网络色情的手段。网络分级必须在符合现有法律的前提下进行，现有法律所不容的淫秽的、暴力的等等相关内容，特别是与未成年人相关的色情内容，依然还是需要严厉打击的目标。

2. 互联网过滤设备的设置

如前文所述，色情内容常常是网网相连，很多情况下波及全球，很难监管。特别是由于各国对于色情内容的界定标准不同，无论是一国进行的监管还是各国联合的监管，实际效果常常难以让人满意。网络分级制度的制定，也不过是在本国内对网络色情相应地做出控制。而就网络跨国特性考虑，研究制作网络内容的过滤器应该是比较有效的防治网络色情危害的手段。事实上，各国都在尝试使用过滤器规制色情内容。例如新加坡就专门制定了管理规定，要求安装过滤设备，不让色情网站等的内容进入新加坡。如果色情内容管制分级制度能够与网络过滤器相结合，将会成为管制色情内容的较好的尝试。深圳市公安局计算机监察处和某高新技术开发公司共同开发研制的 NET110 网络监管系统，在使用当中就收到了实效，当联网机上安装了 NET110 系统后，上网者在输入黄色网站的网址时，该系统就会起自动启动过滤封堵功能，自动阻断黄色网站登录。该系统已在很多省市铺开。

3. 相关法律法规基本概念的界定

北京大学教授陈兴良认为："我国刑法关于淫秽物品的概念是明确的。当前，打击淫秽色情网站要把握几个原则：一、要根据互联网淫秽色情表现的新特点来打击犯罪。二、淫秽又是一个相对的概念，不同的国家，不同的时代对什么是淫秽都有不同的标准。三、打击淫秽色情要严格依照刑法精神和规定来办理，把罪与非罪区别开来。"

东西方国家都有反色情的措施，两者的不同在于：西方国家对成年人和未成年人区别对待，更强调保护未成年人；东方国家"扫黄"则往往把未成年人和成年人"一锅煮"，结果是未成年人未受到应有的保护，而成年人的文化娱乐和艺术家的创作则受到过多的束缚和干涉。

我国除《宪法》第 40 条规定"中华人民共和国公民的通信自由和通信秘密受法律的保护"外，《刑法》也蕴含了对公民隐私权的保护，如第 245 条规定的"非法搜查罪""非法侵入住宅罪"和第 252 条规定的"侵犯通信自由罪"，都体现了这一点。用这些对照，对于个人或夫妻情侣之间所谓"涉黄"的执法是不当的。个人在家下载黄色图片，虽不算高尚，但这是个人价值选择，并无社会危害，警察应查处色情网站，而不应查处下载者。也有反对理由认为：相关罚款是根据 1997 年 12

月由公安部发布实施的《计算机信息网络国际联网安全保护管理办法》（以下简称《管理办法》）的规定。法学专家则指出：我国2006年3月1日起实施的《治安管理处罚法》并未将下载色情图片列为违法。依照《立法法》规定，《治安管理处罚法》属于"法律"，《管理办法》属于"规章"，法律的效力高于规章。警方应该按照既是上位法又是新法的《治安管理处罚法》而不应按照既是下位法又是旧法的《管理办法》来处理。按照《立法法》规定，下位法违反上位法规定的，由有关机关依照规定的权限予以改变或者撤销。公安部应该废止或修改《管理办法》，国务院也可依法予以"改变或撤销"。

同时，设立扫黄过滤器是某些网站所为，不是政府的行为，但这也需要立法加以规范，比如黄色音像容易鉴别，网站可以屏蔽，但通过关键词对文章进行屏蔽会有负面效应，这类屏蔽除国家有特殊规定的，不得随意设置。即使两个成年人互发黄色短信，或在互发的电子邮件（包括附件）中含有黄色内容，如果是两人私下相互同意的行为（属于个人隐私），没有向社会传播，也不能认为违法。至于警察入室查处夫妻看黄碟，那只能看作执法者对私权的无知和漠视。

《刑法》第363条规定了"制作、复制、出版、贩卖、传播淫秽物品牟利罪"，第364条规定了"传播淫秽物品罪"，也分别规定了两罪应受到的刑事处罚。第364条第4款还规定："向不满十八周岁的未成年人传播淫秽物品的，从重处罚。"第367条规定："本法所称淫秽物品，是指具体描绘性行为或者露骨宣扬色情的诲淫性的书刊、影片、录像带、录音带、图片及其他淫秽物品。"

由于没有清晰界定"淫秽物品"的概念，以及许可传播的范围和条件，《刑法》上述规定必然给执法带来困难甚至误读。民警入室查处夫妻看黄碟，个人家中下载黄色图片遭罚款就是例证，发生这两类事件即说明了执法人员误解法律的困境。

我国与发达国家司法理念的重大差距在于：我们往往是以惩罚罪错为本位。惩罚极少数真正的罪错，正是为了保护广大人民的合法权利。为此，我国在性立法上有必要提出"性权利"的概念。对人类来说，性活动具有生殖、示爱、欢愉、审美、保健五大功能，而"性权利"是指：只要不妨害他人的权益和不危害公共利益，公民有权通过性活动生殖、示爱、欢愉、审美、保健并享用性信息及性器具。这是现代人权不可或缺的一部分，应该受到国家保护。

2004年9月，我国最高人民法院、最高人民检察院联合出台《最高人民法院、最高人民检察院关于办理利用互联网、移动通讯终端、声讯台制作、复制、出版、贩卖、传播淫秽电子信息刑事案件具体应用法律若干问题的解释（一）》。该项司法解释规定，以牟利为目的，利用互联网、移动通讯终端制作、复制、出版、贩卖、传播淫秽电子信息，具有下列 8 种情形之一的，依照《刑法》第 363 条第 1 款的规定，以制作、复制、出版、贩卖、传播淫秽物品牟利罪定罪处罚：（1）制作、复制、出版、贩卖、传播淫秽电影、表演、动画等视频文件 20 个以上的；（2）制作、复制、出版、贩卖、传播淫秽音频文件 100 个以上的；（3）制作、复制、出版、贩卖、传播淫秽电子刊物、图片、文章、短信息等 200 件以上的；（4）制作、复制、出版、贩卖、传播的淫秽电子信息，实际被点击数达到 1 万次以上的；（5）以会员制方式出版、贩卖、传播淫秽电子信息，注册会员达 200 人以上的；（6）利用淫秽电子信息收取广告费、会员注册费或者其他费用，违法所得 1 万元以上的；（7）数量或数额虽未达到上述第（1）项至第（6）项规定标准，但分别达到其中两项以上标准一半以上的；（8）造成严重后果的。司法解释同时规定，利用聊天室、论坛、即时通信软件、电子邮件等方式，实施上述行为的，亦以制作、复制、出版、贩卖、传播淫秽物品牟利罪定罪处罚。

我国《刑法》第 363 条第 1 款规定，以牟利为目的，制作、复制、出版、贩卖、传播淫秽物品的，处 3 年以下有期徒刑、拘役或者管制，并处罚金；情节严重的，处 3 年以上 10 年以下有期徒刑，并处罚金；情节特别严重的，处 10 年以上有期徒刑或者无期徒刑，并处罚金或者没收财产。

司法解释进一步明确，如果数量或者数额达到上述规定的第（1）项至第（6）项规定标准 5 倍以上的，应当认定为《刑法》第 363 条第 1 款规定的"情节严重"，达到规定标准 25 倍以上的，应当认定为"情节特别严重"。根据这个规定，色情网站的实际被点击数如果达到 25 万次以上，将被视为"情节特别严重"。

司法解释规定，不以牟利为目的，利用互联网或者移动通讯终端传播淫秽电子信息，如果数量达到上述列举的第（1）项至第（5）项规定标准 2 倍以上的，或数量分别达到上述列举的第（1）项至第（5）项 2 项以上标准的，或造成严重后果的，以传播淫秽物品罪定罪处罚。利用聊天室、论坛、即时通信软件、电子邮件等方式，实施上述行为的，亦以传播淫秽物品罪定罪处罚。

《刑法》第 364 条第 1 款规定，传播淫秽的书刊、影片、音像、图片或者其他淫秽物品，情节严重的，处 2 年以下有期徒刑、拘役或者管制。根据以上规定，发送黄色邮件不牟利但达到一定数量也可判刑 2 年以下。

从这些可以看到，司法解释基本立法理念与刑法设立该项罪种无异，司法解释只是把它扩大到了现代通信领域，并且为了执法的可操作性，将其具体量化了。两院的主观意图无可厚非，但其存在的问题与上述《刑法》相关条文基本上相同，

"黄色"（即色情）怎样界定，由谁界定，都成问题。而且从现代法治理念看，还存在下列问题：

第一，不符合各法之间内部的一致性以及法的可行性的法治原则。目前我国两个成年异性之间或成年同性之间相互同意的私下性行为，不管次数多少，均不构成犯罪（婚外情也只是看作道德问题）；现在两个成年人之间相互同意的私下的色情信息传播达到一定次数则要定为刑事犯罪判刑了，显然是有失法的内部平衡一致的。此外又缺乏可行性，这是将"理想道德"（成年人私下也不得传播色情信息）变成了法律，但只有"义务道德"（不得向未成年人传播、不得有伤风化传播色情信息）才可以转化为法律。由于法不责众，前者执行很困难，不执行又影响法的权威性。

第二，根据司法解释的规定：发黄色邮件不牟利但达到一定数量也可判刑 2 年以下。发黄色邮件、短信息的情况很有可能是两个成年人（甚至是夫妻或恋人）之间相互同意的私下发送，如果司法干预则涉嫌违反《宪法》保护公民通信自由和通信秘密权利的条款。至于某些网站设置关键词过滤器，使得公民私人电子邮件的附件发不出去，这同样涉嫌违宪。因此要立法加以规范，规定在什么情况下经国家授权在一定的时段内方可这么做。

第三，上述司法解释，即使有必要，由最高人民法院做出就可以了，不用由两院联合做出，因为最高人民检察院还承担着一定的监督法院的责任。两院联合解释，动机可能是增加司法解释的权威性，但权力制衡的原则受到损害，纠正起来也较困难，增加了立法后纠错的难度和成本。

当然，通信网络的净化和整治该进行的还须进行，电信运营商、手机增值服务商、广告联盟与黄色网站相互勾结向手机用户提供黄色音像以牟取利益，仍应视为传播色情淫秽物品，要依法给予惩处，并砍断其利益链，因为手机用户中有大量未成年人，且这种行为有伤风化。至于部分成年人情趣不高，私下接受黄色信息，或私下同意的相互传播，只能通过道德教育和用高尚文化抵御低俗文化的办法来解决。

参考文献：

［1］吴兴民，文伯聪. 网络色情及其控制研究［J］. 政法学刊，2004（1）.

［2］李亚玲. 色情信息治理的过去和现在：兼论我国"扫黄打非"政策的处境与出路［J］. 今传媒，2013（4）.

［3］谈大正. 色情信息法律规制和公民性权利保护［J］. 东方法学，2010（3）.

〔4〕什么是色情？取缔色情网站，破解法律难点〔EB/OL〕.（2004-07-30）〔2020-02-26〕. http：//www. huaxia. com/xw/zhxw/2004/07/346702. html.

〔5〕个人下载黄片遭罚款　法学专家质疑公安部规章〔EB/OL〕.（2008-10-08）〔2020-02-26〕. http：//news. ifeng. com/c/7fYZwJMkelL.

三、媒介与公民权利保护

信息网络传播权的侵权认定及赔偿标准的认定

——咪咕视讯侵犯《奔跑吧兄弟（第三季）》信息网络传播权案

一、案件始末

2015 年 10 月 30 日，《奔跑吧兄弟（第三季）》在浙江卫视及新蓝网首播，咪咕视讯于同年 11 月在其开发运营的《咪咕视频》播放软件上线涉案作品，并向用户提供付费点播服务。浙广集团认为，其依法享有涉案作品完整的著作权，咪咕视讯未经授权提供、传播涉案作品，不仅分流了浙广集团网站的访问量，还造成其用户流失及版权资源的泄露，其行为已经构成了对其享有的信息网络传播权的侵害。此外，咪咕文化系咪咕视讯公司的独资股东，在无法证明财产不混同的情况下应与咪咕视讯承担连带责任。

咪咕视讯和咪咕文化辩称，浙广集团不是《奔跑吧兄弟（第三季）》的权利主体，不具有诉讼主体资格，且其已从第三方北京爱奇艺公司获得涉案作品的信息网络传播权并尽到合理注意义务，主观上不存在过错，不应承担赔偿责任。

针对浙广集团提交的爱奇艺公司和奇艺公司的书面声明，与咪咕视讯提交的和爱奇艺公司签订的合作协议及免责声明，前后两者证据证明内容相悖的情形，法院根据证据的证明效力判定咪咕视讯并未获得涉案作品的信息网络传播权，在其运营的应用平台上向公众提供了涉案 10 期节目的付费点播服务，使公众可以在其个人选定的时间、地点获得涉案作品，其行为属于信息网络传播行为。咪咕视讯对涉案作品进行了信息网络传播，缺乏相应的授权，亦不存在法定免责情形，构成对浙广集团信息网络传播权的侵害。

2017 年 12 月 19 日，在浙广集团、咪咕视讯提交的证据材料无法计算出权利人的实际损失或者侵权人的违法所得情形下，法院综合考虑涉案作品的知名度、制作成本、商业价值以及侵权行为的性质、主观状态、侵权情节和持续时间等因素，确定赔偿数额。首先，涉案作品及其制作者具有很高的知名度和影响力，且制作成本较高，其单期节目信息网络传播权一年授权使用费高达2 333.3万元，产品冠名广告费也高达2.3亿余元，具有极高的商业价值。其次，咪咕视讯作为专门的网络视频提供者，在涉案作品热播期间实施侵权行为，并持续一年多，在浙广集团向其发送律师函要求停止侵权后，未予及时回应及停止侵权行为，具有侵权的主观恶意。再次，咪咕视讯的手机应用平台受众覆盖面广，用户数量众多，经法院释明需提交涉案作品的点播及收益的原始数据后，拒不提交，致使法院无法查明侵权的具体获利。为弥补权利人的经济损失，惩戒恶意侵权行为，最终法院对浙广集团提出的每期节目赔偿49.5万元，10期节目共赔偿495万元的诉讼请求予以支持，另判决赔偿合理费用1万元，两项合计赔偿496万元。

二、"信息网络传播行为"的侵权认定

近年来，综艺节目引发的著作权侵权纠纷屡见不鲜，此类案件的判赔额也开始呈现大幅提升的趋势。在该案中，咪咕视讯并未获得涉案作品的信息网络传播权，却在其运营的应用平台上向公众提供了涉案10期节目的付费点播服务，使公众可以在其个人选定的时间、地点获得涉案作品，其行为属于信息网络传播行为。

传播行为在著作权法中应能与某权利相对应，否则于著作权法而言便无意义。在确定著作权法中传播行为的范围时，必须首先观察现有法律制度对传播有关权利的界定。公开传播权是理论上的一个称谓，在我国及世界大多数国家的法律中，并没有公开传播权这一权利，在立法实践中公开传播权通常以权利束的方式表现出来。

我国2001年修订《著作权法》时，在第10条第（12）项新增信息网络传播权，即"以有线或者无线方式向公众提供作品，使公众可以在其个人选定的时间和地点获得作品的权利"。该规定在文字上几乎是逐字译自《世界知识产权组织版权公约》（WCT）第8条后半段有关向公众提供权的规定，而且"向公众提供"的概念也相应地来自WCT第8条中的英文"making available to the public"。这样的"舶来条款"很可能出现"水土不服"的现象。目前就信息网络传播行为的认定主要包括三个方面：

（1）实质性替代标准，即行为人通过编辑、整理、建立深层链接等方式向公众

在线提供作品的行为，相较于权利人合法在线提供作品的行为，前者在一定程度上替代了后者在作品网络传播中的角色，侵占了本应属于后者的流量、广告资源、曝光度、声誉等收益（类似于"盗版"行为的影响），损害了后者基于涉案作品的合法权益。二者关键的区别在于，前者没有支付著作权成本，而后者支付了著作权成本，而这也是前者违法性的基础——以不劳而获的方式，损害权利人的合法利益，阻碍社会创作的积极性。

如上所言，实质性替代标准的重点在于收益的替代。信息网络传播权作为财产性权利，其不仅仅是一种抽象的权利，实际上更体现为权利人对传播范围、传播方式、传播时间等因素的控制，而这种控制又是权利人依据信息网络传播权获利的权利基础。因此，在考察信息网络传播权侵权时，如果权利人基于该权利的利益受损，则说明行为人破坏了权利人对传播范围等要素的控制，属于侵权行为。所以，实质性替代标准在维护版权市场、保护权利人收益等方面有着显著效果，但将是否损害权利人的收益作为侵权考量因素，似乎将著作权利益与经营利益混为一谈，突破了著作权法保护的边界。因此，这一限定应将《著作权法》相应的条款与《反不正当竞争法》《合同法》等其他法律相应的条款做综合性考虑。

从"咪咕视讯侵犯《奔跑吧兄弟（第三季）》信息网络传播权案"的判决书看，法院侧重考查了"实质性替代标准"，即"在其运营的应用平台上向公众提供了涉案10期节目的付费点播服务，使公众可以在其个人选定的时间、地点获得涉案作品，其行为属于信息网络传播行为"。其实，这本身也是互联网视频平台主要的业务活动，而咪咕的法律责任则在于其并未对拥有版权的作品支付相应的费用。

（2）用户感知标准，即将用户对传播行为的主观认知作为信息网络传播权的认定标准。例如，用户主观认为A网站提供了作品，而A网站又未取得合法许可，则A网站构成对信息网络传播权的侵犯。至于A网站提供作品的方式是建立链接还是自行上传，这并不是用户所关心的，且网站也没有明确告诉用户。该标准的优点是能够方便地判断A网站是否侵犯了信息网络传播权，但缺点也很明显，因不同用户的感知存在区别，该标准带有很强的主观性，很可能会造成事实相同但判决结果相反的窘境，不利于判定标准的统一。

（3）服务器标准，即将作品置于向公众开放的服务器中的行为。其中，服务器泛指一切能够存储作品的介质，而不是单指通常意义上的网络服务器。此外，"置于"不是指第一次将作品上传到网络的行为，而是指每一次传播行为中的上传行为。如A未经许可将F作品置于已联网的电脑中，他人可通过网络访问其电脑上的作品，随后，B也未经许可将F作品置于已联网的手机中，他人可通过网络访问其手机上的作品，在此，A和B的行为属于两个传播行为，虽然时间不同，存储介质不同，但均侵犯了信息网络传播权。该标准的优点是简单明了，只需审查客观事实，更加贴合当下法律规定，但同时，相对于其他标准，该标准对权利人收益的保护力度欠佳。特别是在避风港规则的保护下，很多网络信息服务平台可在收到相关质疑后将具有侵犯网络传播权的内容删除而不承担责任，但在此前其获得的收益与对原出品人造成的损失是不可估量的。如若无人为此买单，在利益的驱动下，该行为将愈加猖狂。

综上所述，三种认定标准各有利弊，其根本的不同在于其所采取的价值立场不同。实质性替代标准着重于版权市场的发展和权利人的收益保护，用户感知标准着重于用户体验和司法效率，服务器标准着重于现行法律规定。而三种标准认定的综合使用似乎能够扬长避短，更有利于司法实践对信息网络传播侵权行为的认定。

三、法律条文对于信息网络传播权的认定

《著作权法》第10条第（12）项规定，"信息网络传播权，即以有线或者无线方式向公众提供作品，使公众可以在其个人选定的时间和地点获得作品的权利"，但具体何为"提供作品"，我国现行法律法规或司法解释均未有明确规定。而如上所述，因为该条规定系为了履行国际公约而制定，故就该问题可参考国际立法渊源进行解释。

首先，WCT第8条规定，在不损害《伯尔尼公约》有关条款规定的情况下，文学和艺术作品的作者应享有专有权，以授权将其作品以有线或无线方式向公众传播，包括将其作品向公众提供，使公众中的成员在其个人选定的地点和时间可获得这些作品。关于WCT的《基础提案》在针对WCT第8条的说明中指出：构成向公众提供作品的行为是提供作品的"初始行为"，而不是单纯提供服务器空间、通信连接或为信号的传输或路由提供便利的行为。由此可知，综合考量立法渊源，我国《著作权法》规定的"提供作品"，应当指将作品上传于服务器的行为。

其次，侵权成立的前提是被控行为属于著作权控制的行为，如复制权控制的是复制行为、发行权控制的是原件或复制件的出售等行为。具体到信息网络传播权，其控制的是作品在网络上的传播行为，而不涉及权利人的经营利益或商业模式。因此，把权利人的收益作为界定信息网络传播行为的标准，超出了著作权法的控制范围。

再次，依据常理，任何的上传行为必然离不开存储介质。通常情形下，将作品

上传到网络的人同时也是存储介质的拥有者，反过来说，能够控制存储介质的人一般就是作品上传者。因此，服务器标准更加符合侵权事实，能够准确界定侵权行为人。

在该案中，被告咪咕视讯确实是提供了《奔跑吧兄弟（第三季）》10期的内容，侵犯浙江卫视信息网络传播权的行为坐实，因此对罪刑的认定并不是我们要讨论的重点，该案最大的亮点反而是赔偿数目的巨大。

四、"合理注意义务"的认定标准

根据咪咕视讯的辩词，其认为自己"已从第三方北京爱奇艺公司获得涉案作品的信息网络传播权并尽到合理注意义务，主观上不存在过错，不应承担赔偿责任"。但本文同意判决书的观点，即视频分享平台在著作权间接侵权情形中承担过失责任具有必要性，而对于过失的认定，以注意义务为客观标准。

注意义务包含了注意义务的设定和注意义务的违反两方面的内容，而注意义务的设定是核心内容。注意义务的设定既要考虑到对社会共同生活基本秩序的维护，确定社会成员对他人行为注意程度的合理预期，又要考虑到注意义务的合理限定，避免过高的义务要求影响社会主体的行为积极性。通过审视现有侵权责任法和著作权法体系对网络服务提供者义务的设定，即视频分享网站仅在权利人通知侵权事实之后才承担制止侵权的义务，可看出该做法难以对网络侵权起到遏制的作用，亦不符合社会成员对视频分享网站的合理预期。以过失为视频分享网站间接侵权的归责原则具有必要性，且以过失论重置注意义务的范围和程度亦是必要的。

如何具体规划注意义务的设定，既必须考虑到小因注意义务的过重而影响视频分享网站的积极性，也须考虑到法官的自由裁量对注意义务设定的影响。虽然我国参照国际公约遵循避风港规则，对视频分享平台过失未尽的义务不予苛责，但也有与之相对的红旗规则，对其进行制约。

随着网络科技的快速发展，网络世界中的著作权保护受到了前所未有的冲击与挑战，从现行法律法规及司法实践来看，避风港规则及红旗规则的法律适用问题一直存在争议。

避风港规则存在的必要性毋庸置疑，避风港规则有利于免除网络服务提供者的侵权责任，在一定程度上促进互联网络产业的发展。然而，该规则的滥用，加大了著作权人的维权难度。红旗规则对网络服务提供者加以限制和约束，但该规则表明网络服务提供者只有在明知或应知的情况下，未采取措施才应承担相应责任，"明知或应知"这个表述含义模糊，在司法实践的案例中可以看到法官的自由裁量权较大，同一案件经不同法官审理会得出不同的结论，改判的情况也时有发生。

为促进互联网事业发展，同时有效保护著作权人的正当合理利益，目前的司法实践可以从以下三方面努力：

（1）完善避风港规则及红旗规则，并将其相关规定具体化，使网络服务提供者及使用者能够准确地预测行为的法律风险，自觉地规范自身行为。另外，明确明知或应知的具体情形，有利于降低权利人的维权难度，促进司法公正。

（2）注重发挥指导性判例对司法实践的指引作用。在该案中，由于浙广集团提交的爱奇艺公司和奇艺公司的书面声明，与咪咕视讯提交的和爱奇艺公司签订的合作协议及免责声明，前后两者证据证明内容相悖，因此，判决咪咕视讯并没有尽到合理注意的义务。但是，如果证据内容相同即表示咪咕视讯必然尽到合理注意的义务了吗？对于这个问题，不同的法官可能会在对事实部分的理解与认知上存在差异，对不明确的法律条文有各自的理解。为此，通过大量的审判实践，及时总结指导性案例，并指导司法实践，意义重大。

（3）鼓励并完善权利人与网络服务提供者间的利益分享机制。避风港规则及红旗规则的存在的价值不仅在于限制网络服务提供者的责任，维护权利人的合法权益，还在于鼓励网络服务提供者与权利人间相互合作，共同打击网络侵权行为。因此，应当探索及鼓励双方间的互惠双赢机制，尝试通过诸如版权许可和交易等方式，使网络服务提供商从可能侵犯利益一方变为合法授权一方，共享版权带来的利益，同时促进互联网及版权市场的良性发展。

五、侵犯信息网络传播权行为赔偿的标准认定

关于信息网络传播权侵权，除了对是否构成侵权的认定值得研究外，对侵权赔偿数额的认定也是司法实践中的难点，同时也是侵权方和被侵权方均十分关注的焦点。

《著作权法》第49条第2款规定了侵权的三种赔偿标准：实际损失、违法所得以及法定赔偿。但是，由于网络侵权的特殊性，对于侵权后对被侵权方造成的实际损失及侵权方的违法所得很难举证，最终很多法院只能采取法定赔偿酌情对赔偿数额予以判决。关于具体的赔偿数额，实践中法院的表述也大致相同，大致为：因现有证据不能确定涉案侵权行为造成的实际损失或侵权获利情况，故法院根据本案的具体情况，综合考虑涉案作品的知名度、市场价值、被告侵权具体方式、主观过错

程度等因素酌情予以确定。

但是，因法院的自由裁量权仅限于法定赔偿数额以内，并无明确的标准，所以，目前法院最终判定的赔偿数额均普遍偏低。这种侵权成本非常低的现实情况也助长了侵权人去实施侵权行为，以牟取不正当利益。如何坚持全面赔偿原则，积极探索加大赔偿力度的具体实现方式，合理确定侵权损害赔偿数额，一直是知识产权审判中需要解决的难题。对于视频作品的侵权案，因影视作品的热播程度不同、侵权人的主观过错程度不同、直接侵权或间接侵权的情形不同，实践中也很难根据视频点击率高低或者视频网站的获利多少来判断侵权赔偿数额，因此，实践中出现了一种新的侵权赔偿数额计算方法，即参照相似作品的许可使用费进行赔偿。

然而，在该案中，法院不仅对原告要求的赔偿数额予以了支持，还另判决赔偿合理费用1万元。此案说明加大知识产权侵权惩治力度，让权利人损失得到充分赔偿，侵权人无利可图，已成为知识产权司法保护的必然趋势。就我国法律规定的知识产权侵权损害赔偿一般采用的"填平原则"来说，这次司法实践应该说已经迈出了加大对知识产权侵权的惩罚力度的重要一步。在实践中，如果仅仅是以侵权期间原告因此遭受的经济损失或者被告获利、许可费来计算损害赔偿额，这样的损害赔偿额常常不足以制止侵权行为，对于那些故意侵权来说更起不到任何威慑作用。

《奔跑吧兄弟（第三季）》这档综艺节目属于以类似摄制电影的方法创作的作品，其每一期节目的表现主题、演员阵容、场景选择、表演方式均有所不同，具有各自的独创性，可以独立构成单一作品，在确定赔偿数额层面法院应当综合考虑涉案作品的知名度、制作成本、商业价值以及侵权行为的性质、主观状态、侵权情节和持续时间等因素，确定赔偿数额。该案的判决，在著作权法定最高赔偿限额尚未修改的背景下，通过对涉案各期节目独立构成单一作品的解析，全面支持了权利人的经济损失赔偿请求，加大了司法保护力度，对于有效打击侵权行为、推动知识产权健康发展具有积极的示范效应。

在互联网环境下，作品著作权侵权成本低，而原告消耗的时间、精力与金钱常常无法与最后法律判决的索赔成正比，造成了侵权的频发。但是，回顾近几年的相关案件可以发现，无论从立法环境还是司法环境看，我国对知识产权的重视程度正在日益提高，包括在司法实践中信息网络传播权赔偿标准的变化也越来越倾向于保护知识产权。习近平在党的十九大报告中专门强调了要强化知识产权创造、保护、运用，可见国家对于保护知识产权的决心和力度。司法实践也期待立法部门及相关部门能够就侵权赔偿数额的确定问题尽快完善相关赔偿标准的法律依据。而对权利人、网络用户及网络服务提供者来讲，也都应当充分注意到作品使用过程中涉及的各种权利，避免自己的作品被他人侵权，也避免自己在使用他人作品的过程中侵害他人权利。

参考文献：

［1］咪咕侵犯"跑男"信息网络传播权一审被判 496 万 ［EB/OL］. （2017-12-27）［2020-02-27］. https：//www. sohu. com/a/213131048_100021931.

［2］陈绍玲. 论著作权法中的公开传播权 ［C］//中国知识产权法学研究会. 中国知识产权法学研究会 2015 年年会论文集. 北京：中国知识产权法学研究会，中国人民大学知识产权学院，2015：242-250.

［3］王迁. 论"网络传播行为"的界定及其侵权认定 ［J］. 法学，2006（5）.

［4］晏宗武. 论民法上的注意义务 ［J］. 法学杂志，2006（4）.

体育赛事直播中相关的著作权问题

——从新浪网诉凤凰网侵犯著作权及不正当竞争纠纷案说起

一、问题的提出

2013 年 8 月 1 日晚，凤凰网在其中超频道首页显著位置标注并提供"鲁能 VS 富力""申鑫 VS 舜天"两场比赛的直播。新浪公司认为自己属于合法拥有涉案体育赛事节目直播权利的主体，凤凰网未经许可擅自转播中超联赛直播视频，侵犯了其拥有的涉案体育赛事节目作品的著作权，遂提起诉讼。北京市朝阳区人民法院一审认为，对体育赛事的录制而形成的画面，符合我国著作权法对作品独创性的要求，应当认定体育赛事直播画面构成以类似摄制电影的方法创作的作品。此判决一出即遭到社会各界的热议，也使得"体育赛事直播"变成了著作权领域的热门话题。

然而，2018 年 3 月，二审法院的判决却与一审法院不同。二审法院认为电影作品应至少符合固定及独创性两个要求，而涉案的两场赛事公用信号所承载的连续画面既没有电影作品的固定要件，也达不到电影作品的独创性高度，故涉案赛事公用信号所承载的连续画面不构成著作权法意义上的电影作品。虽然二审法院推翻了一审法院认定作品的结论，却依然引发热议。

该案一审、二审之间十分不同的审判思路和判决结果让体育赛事节目可版权性问题进一步突出。该案暴露出的能否为无名作品提供足够的解释机会、作品独创性标准应如何分析和判定等争议性问题亟须得到进一步讨论和澄清。这对于传媒产业和体育产业的发展都是非常重要的。

二、一二审审判的焦点内容

一审法院的判决明显是从保护新浪网的利益考虑，即从传统逻辑，保护原享有著作权人的利益，通过著作权法对新浪网的损失予以救济。但是，其引发争议的点即是其明显的瑕疵：

一审判决书中没有说明中超赛事直播连续画面构成何种类型的作品，只是泛泛地认定其为作品，这是一审判决的争议点之一。其争议点之二在于一审法院对于专有权的认定。《著作权法》在第10条中即明确了16种著作权的人身与财产权，而体育赛事的直播介于其中的广播权与信息网络传播权之间，一审法院对其并没有做区分，而是避开此两项权利，直接使用了第10条第17款的兜底权利，这种引用较模糊的判决条文也为该案遗留了争议焦点。

对比二审法院的判决，这两个争议点出现了根本性的逆转。

二审法院的判决书用大部分篇幅解释了体育赛事直播画面不可认定为作品，特别是电影作品的理由，其理由主要包括两点，即固定性与独创性。其认为：就固定性来说，体育赛事的直播画面是随摄随播的方式，本身不具有固定性；而关于体育赛事直播，其独创的程度比较低，就素材的选择来说，体育赛事本身的客观情形是直播的主要依据，赛事直播的实时性导致直播画面很难创新，在独创性程度上很难符合电影作品的要求，因此，二审判决认为该画面更多是不需要思考的，不具有独创性。

既然不能认定为作品，那么《著作权法》第10条的内容即不需要再做考虑。但二审法院进一步讨论了被诉侵权的两个中超赛事直播视频中的上标，即分别显示的BTV与CCTV的标识，标志表明了视频的来源为北京电视台及中央电视台，也意味着中超赛事初始是电视台通过无线电波的方式传播的。根据第10条第11款对广播权定义的内容——广播权即以无线方式公开广播或者传播作品，以有线传播或者转播的方式向公众传播广播的作品，以及通过扩音器或者其他传送符号、声音、图像的类似工具向公众传播广播的作品的权利，二审法院认为该行为属于广播权的控制范围，显然亦驳回了一审法院引用的《著作权法》第10条第17款的主张。

虽然二审法院彻底推翻了一审法院的判决，但就社会舆论的反应看，该案的争议点并没有消除，而该案暴露出的争议点即能否为无名作品提供足够的解释机会、作品独创性标准应如何分析和判定等问题亟须得到进一步讨论和澄清，而界定清楚这些问题对于未来我国传媒产业和体育产业的相关发展都是非常重要的。

三、一二审争议焦点的讨论

先要明确两个概念，即体育赛事与体育赛事直播画面。体育赛事，一般指大型、专业体育竞技比赛活动，它们都是运动员在预先设定好的统一裁判规则下进行的实时竞技比赛项目。关于体育赛事的法律性质，有学者从不同类型的体育赛事出发，将体育赛事进行细致分类，并主张在很大程度上具有表演性质和艺术审美性质的竞技比赛活动具有独创性和可复制性，应当受到著作权法保护。但也有学者认为，体育赛事本身不受著作权法（版权法）的保护。理由包括：首先，体育赛事不是著作权法上的作品，著作权法上的作品应具备智力成果、独创性和可复制性三大特性。体育比赛是对智力成果的运用，不是智力成果本身；比赛按规定的程序和规则进行，不具有独创性；此外，比赛本身千变万化，不具有可复制性，足球比赛中没有两个进球是完全一样的。除少数像艺术体操、花样滑冰、水上芭蕾等项目的编排具备作品的特性外，绝大多数体育赛事不受著作权法的保护。因此，体育赛事不能作为受保护的作品阻止他人向公众转播。再者，运动员也不被视为表演者。表演者是通过再创作的方式对他人作品进行表演，享有许可他人现场直播和公开传送其表演并获得报酬的权利。由于体育赛事不是作品，运动员也不是表演者，所以无法利用表演者权阻止他人现场转播赛事。

而体育赛事直播画面是通过预先设定好的机位对实时比赛进行拍摄，并通过导演对画面的挑选、剪辑最终形成的直播画面，当然，其呈现给观众的画面不仅仅包括了真实记录赛事的全过程，还包括了对比赛的故事化创作、慢动作回放及运动员的特写镜头等等，而其中必然融入了导演的设计与思考。有学者主张不同类型的体育赛事节目画面存在不同程度的独创性，可以根据其创作程度给予作品或制品的保护。也有学者指出体育赛事直播画面有其特殊性，摄像师和导播对镜头画面的选择均需满足观众的稳定预期，独创性空间有限，仅在一些情况下可以作制品保护。

一个新的传播形式的出现或者新的作品类型的出现，必然会有一个被人们认识与接受的过程，而这个过程如果简单套用现有著作权构成要件的认定逻辑是否可行？

（一）体育赛事、体育赛事的直播是否可以算作品

在立法技术上，对于作品的相关概念，各国著作权法通常不仅会对其下定义，

还会尽量穷尽地罗列出作品的具体类型，我国法律借鉴《伯尔尼公约》，也对作品类型进行了罗列。但艺术创作与技术传播都是在不断发展的，特别是受技术影响比较大的文学界与新闻界，出现了许多作品的新类型，体育赛事直播就属于技术发展后新出现的一种节目播放形式，从早期必须到现场观看到后来的录播、转播再到现在的直播，观看体育赛事的方式也随着技术的发展发生着变化，而一旦出现新的作品类型必然会引发相关利益上的争议，作品类型的认定直接关系到诉讼双方的利益，而司法者对于新作品类型的认定也必然会存在分歧。

除了明确排除保护的禁止流通物，法律绝对不会因为某种物品前所未见而不予其保护。相反，社会鼓励人们不断创造出新事物。因此，就社会发展的角度看，法律应该鼓励任何新探索的作品形式的出现，不能要求作者"依法定类型创作"。从思维方法来看，当从抽象到一般的概念及其逻辑体系不足以掌握某生活现象或意义脉络的多样表现形态时，首先会想到的补足思考形式是"类型"。反映在立法上，类型比概念更具体，可以提供找法的便利，减轻解释的负担。对照"文字作品"去判断现实中的表达，当然比对照"作品"的抽象概念更直观、更容易。因此，概念与类型并用，是立法常用的手法，表现为概括加列举模式。作品立法类型化，首要的功能便是例示指引。承认作品立法类型的例示性，既是立法通例，也是理论通说。

但是，由于某些作品类型与特别规则相对应，未必任何新作品都能在法律中进行合适的归位。在这种情况下，司法者仍然应当对新类型的作品予以保护。与作品的类型列举相比，著作权权项的列举具有强得多的限定意义。权利的范围相当于社会契约，是权利人独占范围与社会公众共享范围的分界。我国现行《著作权法》采用了"应当由著作权人享有的其他权利"的表述兜底著作权，司法实践对于著作权的内容也早已做出过创设性解释。与著作权内容相对的规则是对著作权的限制，我国的"合理使用"立法技术原本是借鉴了作者权体系，采用了限定列举，而司法实践也早已突破立法，创设了新的合理使用类型。所谓"举重以明轻"，司法对于具有较强限定意义的列举尚且采取开放的解释态度，对于原本没有限定意义的作品类型的解释当然不必作茧自缚。

因此，就目前作品类型的迅速发展来看，与其限定于特定的具体类型，不如对作品类型进行概念化处理，添加关键词，在促进新类型作品创新发展的基础上，对各种类型的作品进行保护，从而保障文学艺术及新闻领域的快速发展。而就体育赛事的直播看，司法者可将其类比为法律中所罗列的一种作品类型，将这种作品类型做扩大解释，从而将体育赛事的直播包罗进去。

（二）体育赛事直播是否具有独创性

自著作权进入人们视野以来，关于独创性标准的认定始终是争论的焦点之一，在司法实践中对于它的判定也存在着不同的标准。一开始，英美法系中，"额头出汗"原则被认为是判断原创性的主要标准。但在后来的 *Feist Publications v. Rural Telephone Service Co.* 案中，法院提出的"独立创作"与"最低限度创作性"原则明显不仅仅是要求著作权主体"额头出汗"这么简单。根据《中华人民共和国著作权法实施条例》（以下简称《著作权法实施条例》）第 2 条中关于《著作权法》中作品的定义可知，法律所谓的作品应包括独创性与可复制性两个重要特征。至于独创的评判标准以及如何量级主要还是依靠法官的主观测评，而体育赛事的直播与传统的文字作品本身即存在很大的差异。但是，由于文化的宽容性，一般认为，美国法上的独创性标准仅仅要求最低限度的创造性。反对意见通常强调美国法的这一标准不能适用于中国法中的电影作品。这意味着他们应该不否认，体育赛事直播画面是有可能满足这一最低标准的。在多数意见看来，如果普通照片能够满足最低限度的创造性要求，那就没有什么理由否认数十台摄像机拍摄并经过导播剪切的直播视频不具备这一最低限度的创造性。现阶段真正的争议是，著作权法是否认为电影作品不同于普通作品，有更高的独创性要求。大多数反对意见认为答案是肯定的，因此即便体育赛事直播画面达到了普通作品的最低限度的创造性要求，也不能满足电影作品的较高独创性要求。

在该案中，二审法院承认，对于电影作品与录像制品之间的独创性标准，分歧主要体现在是独创性的有无，还是独创性程度的高低。虽然没有明确的字面规定，该案一审法院将电影作品应有较高独创性的主张建立在中国著作权法选择了电影作品与录像制品的二分体制这一事实之上。"在我国，著作权法区分著作权和邻接权两种制度，且对相关连续画面区分为电影作品与录像制品的情况下，应当以独创性程度的高低作为区分二者的标准。"可见，二审法院认为作品邻接权的独创性程度本身要低于著作权的独创性。而反对意见大致的论证思路是："我国著作权法规定的邻接权客体中除录像制品外，亦包括版式设计、录音制品、表演及广播……如果除录像制品以外的其他邻接权客体均不具有个性化选择，则在并无相关权威性法律文件存在相反界定的情况下，基于邻接权客体的共性，可推知录像制品不能具有个性化选择。但如果其他邻接权客体中存在具有个性化选择的情形，则可得出相反的结论。"

虽然艺术的表现形式不同，但其亦有高低之分；虽然体育赛事受到很多客观因素的影响，但其亦存在镜头角度安排、画面剪切等投射出人的思想的表现形式，因此，笼统地说最优秀的表演和最出色的录音可能无法达到著作权法上最低限度的创造性标准，这句话是没有事实依据的。著作权法歧视表演或录音，更多是法律上的政策性选择。美国版权法没有直接确认表演本身的作品属性即说明了这一点，但是，美国有司法案例却确认了这一点，说明在司法实践中，从逻辑上讲，表演、录音、摄像等表现形式同样会凝聚主创人员的思想，从而具有其独创性。

（三）体育赛事直播是否能够"固定"

讨论版权法对作品的保护，一直与作品的物质载体密不可分。在作品与作品载体尚未被区分开时，对作品的保护就等同于对作品载体的保护。那些不能用物质载体固定下来的作品，自然被排除在法律保护之外。有学者认为，"已经固定"并不是电影作品的可版权要件，其认为：无论对"固定"做何种含义的解读，它都只可能是技术问题、事实问题，但一项智力成果应不应当或值不值得用著作权保护，却是一个典型的价值判断和政策选择的问题。参照相关案件的判决也可发现，司法判定会认为：体育赛事的公共信号由于在直播过程中采取的是随摄随播方式，整体画面并未稳定固定于有形载体上，故不满足电影作品的"已经固定"要件。

而当作品与作品载体被逐渐区分开来后，对作品的保护虽然获得了独立意义，但却仍然无法与其载体完全分离。作品是无形的，它必须依赖于有形物（特殊时候也可以是人）的存在才能被感知、被传播。如果不借助于书籍、唱片等有形形式记录下来，那么即使有原创性的作品也将转瞬即逝，既无法传播，也难以保护。如果一个复制没有被保存下来，或者一个证人没有很好的记忆，那么我们将很难证明别人侵权。因此，讨论作品的"已经固定"与否是有意义的，但是如果一味地强调作品的固定性，必然会有形而上学的嫌疑，不利于新作品形式出现后的保护。当体育赛事直播通过信号发送到网络上，其即有了自己的载体，虽然这种载体可能随时消失，但就目前技术对历史记忆的影响来看，技术必然带来载体的抽象性，因此，将载体的形式拓宽，允许更加抽象的存在应该会成为未来对载体确认的一个方向。

参考文献：

[1] 胡巧璐. 体育赛事网络同步转播的司法困境与应对之策：以"新浪网诉凤凰网著作权侵权及不正当竞争"案二审为例 [J]. 体育科研，2018（5）.

[2] 赛事转播权的法律保护：新浪诉凤凰网案关键点评析 [EB/OL].（2016-03-30）[2020-02-26]. http://sohu.com/a/66768566_115533.

[3] 凌宗亮. 体育赛事转播权法律保护的类型化及其路径：兼谈《民法典·民

法总则专家建议稿》第 114 条的修改 [J]. 法治研究，2016（3）.

[4] 祝建军. 体育赛事节目的性质及保护方法 [J]. 知识产权，2015（11）.

[5] 李琛. 论作品类型化的法律意义 [J]. 知识产权，2018（8）.

[6] 卡尔·拉伦茨. 法学方法论 [M]. 陈爱娥，译. 北京：商务印书馆. 2003：337.

[7] 李琛. 论我国著作权法修订中"合理使用"的立法技术 [J]. 知识产权，2013（1）.

[8] Feist Publications v. Rural Telephone Service Co. [EB/OL].（1991-01-09）[2020-03-26]. https://caselaw.findlaw.com/us-supremecourt/499/340.html.

[9] 王迁. 论体育赛事现场直播画面的著作权保护：兼评"凤凰网赛事转播案"[J]. 法律科学（西北政法大学学报），2016（1）.

[10] 崔国斌. 体育赛事直播画面的独创性标准选择 [J]. 苏州大学学报（法学版），2019（4）.

[11] 北京知识产权法院（2015）京知民终字第 1818 号民事判决书.

[12] McJohn, S. M.. Copyright examples and explanations [M]. New York：Aspen Publishers，2006：67.

[13] 彭桂兵. 完善广播组织权：体育赛事直播画面的法律保护：评"凤凰网案"[J]. 湖南师范大学社会科学学报，2020（1）.

[14] 褚瑞琪，管育鹰. 互联网环境下体育赛事直播画面的著作权保护：兼评"中超赛事转播案"[EB/OL].（2018-12-24）[2020-03-26]. http://www.iolaw.org.cn/showArticle.aspx? id=5718.

视频刷量行为的法律定性
——全国首例视频刷量不正当竞争案二审宣判

"一天之内点击量猛增 14 亿次""上线仅 10 小时内播放量就达 6.5 亿""58 集，310 亿网络播放量"……

近两年来，网络自制剧上线短时播放量破亿、整部剧动辄百亿播放量已不再新鲜。而在很多情况下，支撑起这些高流量的原因，除了内容制作精良、情节引人入胜、明星制作班底等该剧本身的竞争优势，还有可能是"不良操作"即水军刷量的功劳。

所谓刷量，就是指通过人工或技术手段，短时间内迅速提高特定视频内容的访问量。2017 年 8 月，爱奇艺诉杭州飞益信息科技有限公司（以下简称"飞益公司"）及公司两位股东一案，将一直隐秘运行的视频行业刷量产业链曝光在公众面前。

一、案情回顾

原告爱奇艺公司诉称，飞益公司是一家专门提供视频刷量服务的公司，其与吕某、胡某分工合作，通过运用多个域名、不断更换访问 IP 地址等方式，连续访问爱奇艺网站视频，在短时间内迅速提高视频访问量，达到刷单成绩，以牟取利益。爱奇艺公司认为，飞益公司的行为已经严重损害了其合法权益，破坏了视频行业的公平竞争秩序，飞益公司、吕某、胡某构成共同侵权。遂向法院提起诉讼，请求法院判令飞益公司、吕某、胡某立即停止不正当竞争行为，刊登声明、消除影响，并连带赔偿爱奇艺公司经济损失 500 万元。

而作为被告方，飞益公司、吕某、胡某辩称，爱奇艺公司运营视频网站，收入来源于广告费、会员费；飞益公司接受委托，通过技术手段提升视频点击量，增加视频知名度，以此牟利，两者的经营范围、盈利模式均不相同，不具有竞争关系，并且《中华人民共和国反不正当竞争法》（以下简称《反不正当竞争法》）明确列举了各类不正当竞争行为，涉案的刷量行为未在禁止之列，故飞益公司的刷量行为不构成不正当竞争。

上海市徐汇区人民法院一审认定，飞益公司、吕某、胡某通过技术手段干扰、破坏爱奇艺网站的访问数据，违反公认的商业道德，损害爱奇艺公司以及消费者的合法权益，构成不正当竞争，可以依据《反不正当竞争法》第2条予以认定。故判令飞益公司、吕某、胡某向爱奇艺公司连带赔偿50万元，并刊登声明，消除影响。上海知识产权法院二审认定，涉案视频刷量行为属于《反不正当竞争法》第8条所规制的"虚假宣传"的不正当竞争行为。根据查明的事实，飞益公司、吕某、胡某系分工合作，共同实施了涉案视频刷量行为，应承担连带赔偿责任。

业内人士指出，播放量对整个互联网视频行业参与各方而言，都是非常重要且具有信赖利益的基础性数据。如果这一数据被污染、被破坏，整个网络视频生态会受到损害。该案的宣判，将对遏制未来破坏网络视频点击量数据的不正当行为起到震慑作用。

二、刷量博弈仍上演

公开资料显示，2015年以来，网络视听市场高速发展。到2017年网络视听作品的播放量过十亿甚至过百亿已成为常态。而高流量、高播放量背后的高利润，也催生了刷量产业。

虽然刷量手段不太光彩，属于弄虚作假之举，但在巨大利益的诱惑下，不少人还是趋之若鹜，纷纷投入以刷量提高点击量之列，甚至陷入"无剧不刷量"的行业困境。以"视频网站刷量""视频刷量"等作为关键词在QQ上进行搜索，可发现仍有大量的相关QQ群。很多群宣称可刷全网播放量，包括爱奇艺、搜狐、腾讯、乐视、土豆、优酷等。一位QQ群主发布的价目表显示，可以通过技术手段刷腾讯、优酷、爱奇艺、秒拍、美拍视频剧的播放量，1万播放量起刷，每1万播放量8元。当然这些刷量不一定都真实有效，目前视频网站都有拦截技术，刷过后会有不同程度的掉量，不过收费是以视频短时增加的播放量计算，只要达到约定的量，就算完成了当次服务。为了降低被拦截的风险，1万播放量一般会用3～5小时刷完。

刷量背后的商业逻辑是：通过刷量制造热播氛围，从而吸引观众点击，引来大量真实的流量，而且由于很多视频网站会根据播放量来确定一部剧的呈现位置，一旦播放量上去了，也有助于为剧作争取到好的宣传位置。

一位视频行业资深从业人员坦言，为网剧刷量一度是行业的潜规则。不过，最近两年来，视频网站的收益在逐渐演变为内容分成和广告分成并行的模式，即：一方面，播放量越高，平台方付给片方的分成也就越高，这就意味着平台需要为虚假播放量买单；另一方面，一些广告品牌商也注意到了刷量现象，会请第三方公司就广告的投放情况进行监测，一旦虚假刷量过大，也会影响视频网站的广告收入。在诸多因素的影响下，视频网站也不再像外界认为的那样会对刷量进行"纵容"。但就发展的眼光看，刷量必将搅乱市场，导致行业评价体系被人为破坏，甚至破坏整个网络视频生态系统。

首先，就视频制作方而言，刷量可以被看作一种"作弊"行为，它不仅损害了其他视频制作方的利益，也变相地破坏了自身的信誉，当受众都知道刷量行为的存在时，必然不会再相信"刷"出来的剧，那么，刷量也就没有了其实质的意义。除此之外，如果刷量真的成为业界的潜规则，逼迫每个剧都不得不刷时，必然会导致视频制作方舍本逐末，最终带来的是网络视频整体质量的下滑。

其次，对于平台而言，刷出来的排行榜将不再有公信力，将严重损害视频播放平台的品牌建设。虽然目前视频平台的集中程度很高，但随着技术的发展，受众选择的多元，必然会有更多新的视频平台跻身视频平台行业，视频平台行业的重新洗牌也不是不可能。有网友认为，目前市场上通过刷量进行数据造假的行为很多，爱奇艺通过此案有利于引领大家摒弃"流量为王"的观念，促使内容价值回归内容本身，是敢为行业先的表现。也有网友担忧爱奇艺关闭显示前台播放量的做法会让自己缺失一定指标的筛剧参考，为观剧造成一定的麻烦。还有网友认为有利益的地方就会永远存在暗箱操作，爱奇艺关闭显示前台显示播放量，甚至可能会助长暗箱操作的气焰。当然，也有网友非常直观地指出了爱奇艺此举可能存在的自律缺失和失去公信力的问题。

爱奇艺相关负责人在接受《法治周末》记者采访时介绍，爱奇艺在应对刷量行为上采取了很多技术手段，比如，通过黑名单 IP 和安全信息校验进行识别，结合业务特征来评估数据的真实合理性，通过用户行为等多维大数据交叉识别刷量行为，并依托反刷数据结果，通过主动惩戒措施来预防再次刷量。而优酷、腾讯等视频网站也对外披露，公司有一套成熟而严格的防作弊、反刷量系统。

三、规制刷量行为的法律依据

至于刷量的动机，片方和平台其实都有其利益所在。熟悉广告行业的人可能知道，一些视频制片方在宣传推广的时候，可能会与广告商签订有关点击量的对赌协议，如果点击量不达标的话，片方可能会损失一定的经济利益而后续不能再与该广告商合作。而平台为了提高观众活跃度，也自然希望视频在数据呈现上有好的表现。所以，片方、平台就干脆合起伙来，把泡沫越吹越大。

此前，针对部分影片刷票房的做法，管理部门曾开出罚单，对违规者采取行政处罚。虽然处罚力度并不大，但也表明了对票房造假行为的打击态度，起到了一定的震慑效果。刷点击量，在本质上与刷票房相似，都是利益相关方联手制造出一种内容被高度曝光的假象，希望借此带动更多的真实用户，或是获取内容投资方的青睐。这不但是一种自欺欺人的行为，而且会损害整个行业的良性竞争发展，损害观众的利益。况且，投资人也没那么容易被蒙骗。

那么到底应该由谁来监管网络视频的点击量呢？目前还没有非常权威、客观又到位的监管机构来对此事负责。中国社会科学院国际法研究所竞争法中心副主任兼秘书长黄晋指出，《反不正当竞争法》修法时，的确未将刷量列入其中，但是任何法律不可能做到将法律实施后未来可能存在的违法行为都一一列举，《反不正当竞争法》亦是如此。互联网发展实践中出现的不正当竞争行为，仍需要依靠原则性条款和司法审判来纠正。从《反不正当竞争法》的修订过程可以明显地看出，一方面，社会各界对于虚构成交量、交易额的行为属于损害其他经营者的合法权益、扰乱社会经济秩序的不正当竞争行为，已经达成了共识。另一方面，在立法过程中，确实存在虚构成交量、交易额的行为究竟是由新设立的"不得进行虚假交易"条款，还是以原有的"虚假宣传"条款进行规制的争议。

虚构视频点击量究其实质，属于提升相关公众对虚构点击量视频的质量、播放数量、关注度等的虚假认知，以达到吸引消费者的目的的行为。因此，虚构视频点击量仅是经营者进行虚假宣传的一项内容，应当按照《反不正当竞争法》第8条所规制的"虚假宣传"予以处理。而既然该行为能够纳入《反不正当竞争法》第8条具体行为项下，就无须再适用一般条款。

就全国首例视频网站刷量案分析，刷量者为市场经营主体，本应当遵守《反不正当竞争法》，然而其却利用技术手段，影响视频网站经营者的合法商业利益，干扰视频网站经营者和与之相关的诸如著作权交易、信息网络广告等经营者之间的自由竞争，侵犯视频网站经营者的合法权益，进而影响了视频网站经营者的商业决策，此举与公认的商业道德相悖。

除了违反《反不正当竞争法》，刷量行为还有可能触犯非法经营罪、损害商业信誉、商品声誉罪、破坏生产经营罪、虚假广告罪、敲诈勒索罪和诈骗罪等。

在网络刷量的案件中，数据对网络视频平台方、版权方、广告主、观看视频的用户来说，都具有信赖利益。如果这些数据被污染、被破坏，整个网络视频生态、竞争秩序都会受到损害。该案作为全国首例网络视频刷量不正当竞争案，是对视频刷量的"黑产"打响了第一枪，对遏制未来破坏网络视频数据的不正当刷量行为，具有非常重要的警示作用。

此外，前述爱奇艺负责人表示，由于网络领域的不法行为具有隐蔽性强、分工明细等特点，因此希望在追究侵权企业和个人责任的同时，也依法追究为刷量提供技术帮助和支持的相关平台和个人的责任，这样才具有威慑力。而目前网络视频刷点击量尚处于监管空白，缺乏统一严谨的管理标准，这需要相关部门介入，制定相应的网络视频刷点击量认定标准，明确视频播放平台的管理责任，并对造假行为采取严厉打击，对于严重造假者将其做下架处理，以廓清网络视频买点击量的乱象。此外，视频播放平台也应自律自纠，探索建立科学的综合性的参考指标，以满足广大网民丰富多元的审美需求。

目前，的确有许多刷量公司或者个人利用网站或者 QQ 群进行刷量推广，鉴于这些行为具有违法性质，电商平台和 QQ 等平台应当积极给予干预，协助行政机关制止这种不正当竞争的行为。

参考文献：

[1] 何渊，朱世悦. 视频刷量行为的定性及法律适用. [EB/OL]. （2020-03-25）[2020-03-26]. http://www. shzcfy. gov. cn/detail. jhtml? id=10013920.

[2] 马树娟. 国内首例视频刷量不正当竞争案宣判. [EB/OL]. （2018-09-01）[2020-03-26]. https://new. qq. com/omn/20180829/20180829A0SN7V. html.

[3] 江德斌. 别让"刷单"毁了网络视频行业 [N]. 江西日报，2016-07-06.

青少年权利意识的觉醒与塑造途径

——苏州大学生诉知网侵犯消费者自主选择权案一审判决做出

一、"少年维权"唤醒更多人维权意识

2018 年 5 月 25 日，大学生小刘在中国知网下载名为《中药》的文献时，网页提示需付费 7 元，他点击"购买"按钮后，弹出了一个充值页面。充值中心提供了支付宝、微信支付、银联支付等不同的充值方式，但均设置了最低充值金额限制，即个人用户最低充值限额为 50 元。小刘为下载 7 元钱的文献只能向账户充值 50 元。购买文献后，小刘向客服提出了退还余额的请求。但客服却表示退款需要手续费，而且退款程序复杂，周期较长，建议小刘继续使用。由于上述问题未解决，小刘将知网公司诉至法院。

庭审中，小刘表示，中国知网在其网页"答读者问"一栏第 19 条写道"充值的金额不能退回，购买充值的金额没有时间限制，用完为止"，明文规定不能退款。根据消费者权益保护法相关规定，最低充值额限制及充值金额不能退还的规定是格式条款，限制了消费者的权利，应属无效。此外，中国知网通过最低充值金额限制，侵犯了消费者的自由选择权和公平交易权。

被告代理人则称，个人用户充值的余额是可以退回的，只是程序复杂，还会扣除手续费，所以客服人员建议小刘继续使用。庭审前，网站多次主动联系原告，但均被原告拒绝，网站已经将余额退还至小刘的付款账户。网站帮助中心的问答不是合同条款，且网站已将该条问答删除。此外，最低充值限额是一种商业惯例，出于用户使用效率考虑。网站即将增加 0.5 元短信充值的方式满足小额付费的用户需求，同时将研发单篇付费系统。

法院经审理后认为，消费者享有自主选择商品或者服务的权利，有权自主选择商品品种或者服务方式，自主决定购买或者不购买任何一种商品。

经营者不得以格式条款、通知、声明、店堂告示等方式，做出排除或者限制消费者权利、减轻或免除经营者责任、加重消费者责任等对消费者不公平、不合理的规定，不得利用格式条款并借助技术手段强制交易。格式条款、通知、声明、店堂告示等含有前款所列内容的，其内容无效。但对于小刘要求被告方退款的诉请，由于被告方已经退款，故对该项诉请予以驳回。由于该案适用小额诉讼程序，所以姑苏法院判决为终审判决。

该案主审法官表示，该案中，中国知网上关于最低充值额限制的规定导致消费者为购买价格仅为几元的文献需最低充值10元至50元。虽然账户余额可以退还，但中国知网称退还需扣除手续费，故该网站对于最低充值额的设定占用了消费者的多余资金，且收取退款手续费也增加了消费者的负担。所以该规定侵犯了消费者的自主选择权，限制了消费者的权利，是对消费者不公平、不合理的规定，应认定无效。虽然最低充值金额较低，大多数消费者都可以承受，也未提出异议，但该做法的负面示范效应仍应引起重视并加以规范、指引，商家应在充值时允许消费者对于充值金额进行自定义。

因同方知网公司在小刘提出诉讼后就已经退款，故法院对该项请求予以驳回。

实际上，"小刘诉知网案"并非公众对于知网的第一次"不满"，多年来，知网因涉嫌垄断、店大欺客常常被人诟病。但是，不管如何不满，其用户（包括学生、老师、学校等）因为工作、学习的需要大多已经离不开知网，曾经，有些高校因知网的费用上涨太快，停止使用知网，最后又迫于师生需求的压力而低头。对于知网的垄断，更多人选择了忍气吞声吃闷亏。而"小刘诉知网案"可以被看作民众权利意识的增强，有网友评价此举为："少年维权则国民受益"。实际上，"少年维权"的事件并不止此一次。

二、"少年不可欺"——青少年权利意识的觉醒

所谓权利意识，是指人们对于权利义务的认知、理解及态度，是人们对实现其权利的方式的选择，以及当其权利受到损害时以何种手段予以补救的一种心理反应。它要求社会成员在平等的法律地位上，对等地实现利益。尽管我们今天在制度上已经明确了公民在法律面前一律平等，但在观念层面仍然存在着人际的等级差别，这种观念是历史的沉淀。而历史对于每个国家而言，如影随形，它是不会随着

社会形态的更迭而彻底改变的，尤其是观念意识中的东西总会在其后的社会中留下很深的痕迹。

2014年，因为一句"少年不可欺"的维权宣言，无数网民将目光投向了一位网名叫作"NIKO EDWARDS"的少年，这位19岁的年轻人在其撰写的《少年不可欺》微信文章里，用图文并茂的方式阐述了他和团队用气象气球给地球拍照的经历和照片是如何遭到优酷视频盗用的过程，并声称要向制作方优酷网和品牌商陌陌软件两家公司讨要说法。虽然有网友称该事件实为炒作，有专业人士怀疑该事件当事人的维权方式，最终该事件亦不了了之，但其所反映出的青少年的维权行为与保护青少年权利的问题一直都存在。例如，在2012年的秋天，诸多公众事件中出现了一群"较真"的年轻人身影，如哈尔滨断桥事件里的上海大学生雷闯、致信铁道部的甘肃大学生黄焕婷，他们均希望政府部门公开相关信息。随后，广州、重庆、湖北等地的大学生也就自己关心的问题给政府提出相似的要求。这些年轻人大多出生于20世纪90年代，他们特点鲜明，个性独特，成长足迹与中国市场经济的历程同步，具有更广阔的视野和更强的权利自主意识。

三、青少年的觉醒——公民权利意识的成长

对公民身份发展的动力，有两种主要观点。第一种观点认为，公民身份是国家为确保公民的忠诚与责任对公民做出的一种让步，是统治阶级为了调和社会矛盾与社会冲突而使用的一种策略。公民身份是由精英与国家自上而下地赋予社会上的个体的。第二种观点认为，公民身份源自反对专制政府的专断权力的社会阶级斗争。除了国家自上而下地授予公民身份这种产生与获得途径之外，还有一种自下而上的公民身份产生的途径。这种公民身份是社会集团与个体为各种资源而展开激烈社会斗争的结果。

观察目前我国正在显现的公民意识的各种表现，可以发现政府自上而下的推动与民众自下而上的争取各自都在发挥着作用。从政府来说，自2007年以来，政府在保障民生方面出台了一系列举措。例如，2007年7月，国务院印发了《关于开展城镇居民基本医疗保险试点的指导意见》，为弱势群体提供基本医疗保险；《国务院关于在全国建立农村最低生活保障制度的通知》发布后，已有相当数量的人进入了农村低保。此外，新的《劳动合同法》的颁布实施、正在研究制定中的医疗卫生体制改革方案，都反映了政府在为公民提供社会保障方面所做的努力。

显而易见的是，政府社会保障和福利政策制定及实施的速度远远赶不上一般民

众的要求。因此，我们看到了民众自下而上以各种方式争取公民权利的活动。

我国公民意识的成长是广泛社会变迁的一部分。在观察我国公民意识的发展过程的时候，我们发现 20 世纪 90 年代以来与我国市场化改革齐头并进的信息技术革命，特别是互联网的发展，在其中扮演了重要的角色。

(一) 媒体催生公众意见交流的空间

理论和实践都证明，媒体与公民身份意识的成长是密切相关的。近十多年来，我国媒体逐渐发展成为公众意见表达、信息沟通、观点交锋的空间，特别是互联网的发展，突破了传统意见表达与传播的诸多制度性障碍和技术性限制，在公众政治参与和社会生活中起到了越来越重要的作用，成为当前我国公众表达意见最活跃的平台。

近年来，我国官方、媒体以及普通民众都真切感受到了网络的巨大影响力，而以年青一代为主体的网民，个体权利意识、社会参与意识更加浓厚。应当承认，青年人的热情、对新生事物的敏感、对新的思想文化的接受力和对国家社会前途的关注度要明显强于许多其他群体，加之青年人比其他人群具有更多的互联网技能，因此，互联网成了一个以活跃的青年为主体的公共领域。现在，互联网与电视、广播和报纸等媒体互动产生的共振效应能够使网络事件、网络舆论广泛影响到网民以外的广大社会人群。互联网的快速发展，为公民权利意识的表达和生长提供了适宜的空间。互联网技术与人的网络活动的特性赋予了网络作为公共领域的独特影响力。

(二) 网络活动对公民意识的启蒙作用

网络自由表达、人际互动、平等对话等特点为培育平等、独立、自尊、参与、理性的公民品质提供了有利条件。从积极的方面看，人们的网络活动所具有的几个主要特点对公民人格的形成有直接意义。

1. 真实性与独立性

在网络空间中，个人言论自由度达到了最大化。虽然在无约束条件下，某些阴暗的心理和言论也会被大肆宣泄，但却不能因为某些网络言论的非理性、偏激而抹杀网络对个人自由表达的正面作用。来自 CNNIC 的调查表明，60％的网民对互联网在民意表达方面的作用持肯定意见。

近年来，由于博客的出现，言论自由表达更为透明、有序，网民之间的互动也更为频繁，可以围绕特定议题和事件展开较为充分的讨论，网络言论的质量和影响力得到了提高。目前，各大门户网站、即时通信服务提供商等大多提供博客/个人空间服务，为网民开通博客/个人空间提供了便利。

2．互动性与参与性

从人际互动的角度看，论坛/BBS是网上互动交流的主要形式，而网络社区则是兴趣相同的网民集中就某些主题进行交流的场所。网络社区不仅是网民获取信息的渠道之一，也是网民寄托情感的场所，网络社区用户黏性很强。在大型的网站里一般都设有讨论社会热点问题的论坛，如天涯社区、《人民日报》的强国论坛等。网民的意见表达和沟通在论坛中可以得到较为充分的实现。

3．平等性与广泛性

由于去掉了现实社会中的地位差别和利害关系，加之匿名的便利，网络空间中的网民基本上是平等的。正是由于网民具有了平等和独立的地位，才有了网络的多样性，各种不同的观点才得以呈现。

互联网在我国刚刚出现的时候，能够上网的人大多是高层次人才。随着青年成为互联网的主体，互联网言论又被称为草根的代表，互联网成为那些不掌握社会主要资源的群体发表意见的场所。后来，随着互联网的发展和影响力的扩大，现实社会的各路精英也纷纷在网络上建立自己的空间。看看各主要网络上博主的身份，会发现现实社会各界名人、学者、专家的身影。网络从最初的草根阶层的舆论空间，已演变成为草根阶层、各界精英、官员等各界社会人群共有的信息平台、交往平台。网民身份的多样性、利益的多元化、价值观的多样性，使网络言论成了公众舆论和民意的重要来源。

4．批判意识与理性精神

传统媒体由于担负着舆论导向责任，因此，正面报道是主要的，至少也是平衡报道，而互联网新闻和报道多是对问题的揭露和对现实的批判。虽然互联网不少批评言论观点并不正确，甚至偏激和极端，但从总体来看，网上言论的自由表达，一方面，可以充当"排气阀"的作用，使人们的各种情绪在网上能够得到宣泄，会有助于社会的稳定；另一方面，舆论总是社会现实的一种反映，网上诸多批判言论实际上也折射出转型时期我国社会存在的各种问题。

网上的批判言论表明，现在人们不再轻易受到媒体舆论的操纵，开始独立思考问题和独立做出判断。批判意识的增强显示出民众在政治上正逐渐成熟和趋于理性。

正是由于互联网技术与网络活动的上述特点，互联网成了一个最具伸展性的公共领域。对此，评论家刘洪波概括称："网络成为中国公民获得公共空间的一种最可能的渠道，也就是说，当一个人变成了网民，那么他不只是进入了一个信息丰富的世界，他也拥有变成'公民'而非单纯的个体化存在的条件，他既可以结识很多同道，同时也可以对任何公共领域的事务进行毫不掩饰的发言。"

四、青少年权利意识的发展——培养和塑造公民权利意识的途径

（一）国家要采取措施，切实保障公民权利

只有公民权利受到重视并真正得到维护，公民内心才能对依法治国产生认同和信任乃至信仰，并逐渐形成一种普遍的意识，反作用于依法治国。具体来说，国家应着重从以下几个方面加大对公民权利的保障，培养公民的权利意识。

（1）坚决维护宪法权威。统观各国宪法，公民的基本权利和义务这一章的内容通常列于各篇之首。关于宪法和公民权利的关系，列宁有一句很形象的表述：宪法就是一张写着人民权利的纸。所以，依法治国，首先要确立并维护宪法权威，而维护宪法权威，首先要保障的就是公民权利。

（2）着重运用司法救济保障公民权利。立法明示权利当然是公民权利保障的应有之义，也是权利保障的一个途径。但是我们说司法校正、司法救济才是保障公民权利最有力、最实际、最终的方式，是因为保障的含义虽以明文规定为首要，其更实际的东西则在于立法明定的权利受到侵害时的救济，这需要司法公正，而要做到司法公正，国家应首先确保司法独立。只有做到司法独立，司法机关才能公正执法。其次要坚决惩治司法腐败。对于司法机关漠视当事人权利、枉法裁判、徇私舞弊的行为要依法追究其法律责任。再次要提高司法队伍的综合素质，法治观念、权利意识的培养一定程度上需要靠民众对现实法律生活的实际感知，而一旦公民通过法律途径亦不能伸张正义，权利得不到保障时，也就会对国家法制的公平和正义产生怀疑，对司法活动产生抵触。少了民众的支持，依法治国又何以实现？

（3）坚持惩治权力腐败，促进依法行政。权力没有限制，就会导致腐败，有效约束公共权力是法治的核心。依法治国的重点是依法治权，而不是治民。而治权的重点又在于治行政权力，确保依法行政。现实生活中，屡屡发生社会公共权力侵犯公民权利的现象。权力和权利的关系定不好、处理不好，会直接影响到依法治国的步伐。

（4）加大法制宣传力度。普法活动不但要广泛地继续坚持下去，而且普法的深度要有所加强。法制宣传不是走形式，发几份传单材料、听几场报告、读几条法律

条文就完了，而是要从根本上影响公民心灵深处对法的态度。向广大人民宣传法律、宣传法治思想、宣传依法治国，不应该仅仅着重于法的惩罚功能和警戒功能，而应该大力宣传法为公民权利服务的思想，把公民权利放在第一位。法不过是保障权利的一个工具、一种手段，依法治国不是用法去治老百姓，而是用法去保护老百姓。

（二）公民要重视对自身权利的维护

我国是一个具有浓重伦理传统的国家，民主与法制先天不足，以德治天下，以贤主治天下的传统严重影响着法治意识和权利意识在民众中的确立，这使中国的依法治国进程必定经历不少磨难。而公民的权利意识则更为淡薄，当自身权利受到侵害时，人们往往首先是选择私了的手段，其次考虑进行报复，再次习惯于向上级领导反映，这实质上还是期待"明君"的出现，最后在这一切无济于事时，才"最终选择了法律，走上了法庭"。由此可以看出，让广大公民懂得如何用法来维护自身合法权利还是任重而道远。人治需要愚昧和愚忠、无知和迷信等非理性因素来支持，法治则需要科学精神来支持。社会成员应该明确认识到自己是摆脱了人身依附的社会主人，是一个公民，而非臣民，是社会政治生活和公共事务中的主体，而不是无足轻重的客体，不忍气吞声，不息事宁人，让权利意识勇敢地显示出来，因为依法治国只有通过公民正确行使权利（当然也要履行相应的义务）才能实现。公民应该认识到，依法主张权利不仅仅是保护了个人的权利，更是维护了国家法制的尊严，是为法治、为依法治国而尽力。主张个人权利是每个公民对国家实现依法治国应尽的义务。在自己的权利遭受不法侵害时勇敢地站出来，据理力争，用法律来捍卫自己的权利，这个过程就是在捍卫国家法律的尊严、捍卫法治、捍卫国家和社会秩序。"为权利而斗争，就是为法治而斗争。"只有公民的权利意识日益加强，才能为我们依法治国，建设社会主义法治国家提供强大的动力，因此公民权利意识的培养，是我们法治建设的基础性工作，应切实加强。

参考文献：

[1] 曾坚. 对中国公民权利意识的历史考察及反思 [J]. 贵州大学学报（社会科学版），2001（1）.

[2] 刘洪波. 网络与公民身份的实现 [EB/OL]. (2008-07-13)[2020-02-26]. http://dz.xdkb.net/old/html/2008-07/13/content_64137782.htm.

"葛优躺案"引出的关于网络表情包的侵权分析
——"葛优躺案"终审，葛优获赔 7.5 万元

一、"葛优躺案"所涉司法争议

我国知名演员葛优，曾在电视剧《我爱我家》中扮演纪春生（二混子），其角色特点为懒惰耍赖、骗吃骗喝。该角色在剧中将身体完全瘫在沙发上的放松形象被称为"葛优躺"，成为 2016 年网络热词。

"葛优躺"爆红之后，重庆某公司发现了商机并在其网站中制作、发布了《非诚勿扰 3》相关的动画、动态表情及漫画，并提供相关图像的 QQ 表情安装包下载服务。此外，泰信基金于 2016 年 7 月 20 日在其主办的官方微信公众号"泰信基金泰友会"中推送了标题为《假如葛大爷也炒股……》的配图文章，在广告中大量植入了葛优的形象。而 2016 年 7 月 25 日，艺龙网公司也在其微博上发布了如下内容："不经历周一的崩溃，怎知道周五的可贵。为了应对人艰不拆的周一，小艺爆出葛优躺独家教学，即学即躺，包教包会！"直接使用"葛优躺"文字以及 7 幅葛优图片。

2016 年，葛优作为原告将此三家公司分别告上法庭，认为其主要宣传内容为商业性使用，侵犯了本人的肖像权。

其中，葛优与艺龙网的诉讼受到更多的关注，该诉讼历经两次判决。2016 年 8 月 1 日，葛优申请公证，证实 2016 年 7 月 25 日艺龙网公司微博发布的内容中提到的"葛优"的名字并非剧中人物名称，侵犯了其肖像权。后葛优遂将该公司诉至法院，要求其赔礼道歉并予以赔偿。一审法院经审理认为涉案微博侵犯了葛优的肖像权，艺龙网公司应当承担法律责任，判令：艺龙网公司在其运营的微博账号公开发

布致歉声明并赔偿葛优经济损失及合理支出共 7.5 万元。

判决后，艺龙网公司不服，诉至北京一中院。该公司认为，其在诉讼前已经主动在微博上向葛优道歉，一审法院不应判决其在微博中再次赔礼道歉，且赔偿数额过高。法院认为，赔礼道歉作为一种向对方表示歉意进而请求对方原谅的表达行为，既是道德责任，也可能是法律责任，两者有着不同的效果。被告艺龙网公司在诉讼外的道歉仅仅承担了道德责任，并不影响其承担法律责任。一审法院综合考虑葛优的知名度、侵权微博的公开程度、艺龙网公司使用照片情况、主观过错程度、可能造成的影响以及合理维权成本等因素，确定被告赔偿 7.5 万元并无不当。

在庭审过程中，艺龙网公司提交法院针对张培萌、赵丽颖、倪妮、周杰伦等人的侵犯肖像权案件的判决书供法院参考，赔偿金额为 6 020 元～3 万元不等。其提交肖像权侵权案例比较分析，认为商家使用图片，官网浏览量大，使用人多，判赔金额最高，其次为微信，微博最无影响力，判赔额最低。其提交艺龙网截图，证实其官网附有微信链接，没有微博链接，并表示现微博浏览量和影响力在所有宣传方式中最低。

主要的争议焦点包括三个：

1. 涉案微博是否侵犯葛优肖像权

艺龙网表示涉案图片为剧照，并非葛优肖像，图片指向剧中人物的身体动作，其使用了剧中人物的性格特征而非葛优的肖像特征，因此不构成侵权。一审法院则认为，肖像权是指自然人对自己的肖像享有再现、使用或许可他人使用的权利，其载体包括人物画像、生活照、剧照等。剧照涉及影视作品中表演者扮演的剧中人物，当一般社会公众将表演形象与表演者本人真实的相貌特征联系在一起时，表演形象亦为肖像的一部分，影视作品相关的著作权与肖像权并不冲突。该案中，首先，一般社会公众看到涉案微博中"葛优躺"造型时，除了联想到剧目和角色，也不可避免地与葛优本人相联系，此时该表现形象亦构成原告的肖像内容。其次，艺龙网在其官方微博中使用了多幅系列剧照，并逐步引导与其业务特征相联系，有一定商业性使用的性质，故其在涉案微博中的使用行为侵犯了葛优的肖像权，应承担相应的法律责任。对此，艺龙网在二审中也未再提出异议。

2. 一审法院判决艺龙网在其微博中向葛优赔礼道歉是否适当

艺龙网认为其在接到葛优的通知后立即删除了涉案剧照，向葛优道歉并尝试协商解决，充分尊重了葛优的合法权益。一审法院仅因葛优对道歉内容不满即让艺龙网再次在微博中道歉，无法律依据。二审法院认为，当赔礼道歉作为民事责任承担方式以法院判决的形式做出时，能够更有效地平息当事人之间的纷争，并对社会形成行为指引，其起到的社会效果、公示效果及法律效果与当事人在诉讼之外的道歉显然不同。因此诉讼外的公开道歉并不能取代作为民事责任承担方式的赔礼道歉。法院还应对诉讼外的道歉予以审查，确定是否已经达到对被侵权人的内心伤害予以弥补的法律效果。该案中，艺龙网的致歉微博缺乏严肃性，且再次涉及宣传品牌的表述，在葛优不认可的情况下，无法实现赔礼道歉所要达到的弥补被侵权人内心伤害的法律效果，因此一审法院判决艺龙网在其微博上公开发布致歉声明并无不当。

3. 一审法院认定的赔偿数额是否过高

艺龙网认为涉案剧照使用时间仅为24天，浏览量、评论量、转载量以个位数计，影响极度有限，与同类案件相比侵权情节轻微，赔偿7.5万元过分高于葛优因此造成的损失。二审法院则认为，关于经济损失部分，葛优作为著名演员具有较高的社会知名度，其肖像已具有一定商业化利用价值，艺龙网对葛优肖像权的侵害，必然导致葛优肖像中包含的经济性利益受损。一审法院综合考虑葛优的知名度、侵权微博的公开程度、艺龙网使用照片情况、主观过错程度以及可能造成的影响等因素，酌情确定艺龙网赔偿葛优经济损失的处理适当。

二、"葛优躺案"所涉争议分析

（一）关于肖像侵权的责任认定

《中华人民共和国民法通则》（下称《民法通则》）第100条规定："公民享有肖像权，未经本人同意，不得以营利为目的使用公民的肖像。"在肖像权侵权案件中，困扰双方及法官的问题不是过错、损害和因果关系问题，而是侵害肖像权的加害行为如何认定的问题。对《民法通则》第100条进行文义解释，在认定肖像权侵权责任的加害行为之违法性判断上，有一个特殊标准——加害人须以营利为目的，这一构成要件在《民法通则》颁布之初得到了大多数学者的支持，但在司法实践中特别是在新媒体平台上使用肖像，如何确定其"商业价值"及"商业影响力"成为庭审过程中主要的问题。

媒体的运营模式是通过新闻生产传播得到在受众中的影响力与权威性，从而换取受众的注意力，对于媒体平台，其运营的基本逻辑也是这样的，即通过获得受众的使用与认可，得到受众的口碑与注意力，从而实现自身的商业价值。微博、微信公众号等的运营也没有摆脱这个模式，而其影响力的大小是很难用量化的指标测量的。

在葛优与银泰基金的相关案件中，银泰基金方也使用了此理由，其认为："相关微信文章的影响力极小，仅有23次阅读，其中还有员工浏览的，并且及时删除了。法院认为："综合考虑泰信基金对葛优肖像的具体使用方式、范围、时间和影响酌定判定赔偿损失。葛优要求赔偿合理维权支出未提供证据予以证明，本院在合理范围内酌情支持。葛优要求泰信基金公开赔礼道歉的请求，于法有据，但公开道歉的范围应以泰信基金侵权影响的范围为限。"可见，法院亦考虑到了"影响范围"的问题，但影响范围分为长期影响范围、短期影响范围等等，甚至诉诸法庭都可能对被告产生广告效应，但人们淡忘此案件后，对被告的名誉是否会产生影响，或者是否会反而给其做了广告都未可知。法院在庭审中只能就此单一事件造成的影响做评判，而是否能给被告以惩戒作用是不确定的。

实际上，在法学界已有学者对肖像权侵权构成要件中的"以营利为目的"提出异议。其认为"以营利为目的"下实施的侵害肖像权的行为并不必然同时侵害到肖像权所体现的精神利益和财产利益，有可能只侵害其中一方面的利益，因此，只要侵权人侵害肖像权的行为具有"以营利为目的"这一主观因素，在确定责任范围时就应该将精神利益和财产利益同时作为衡量因素。

(二) 表情包的正确打开方式

"葛优躺案"之所以引起关注，是因为这是一起表情包侵权典型案例，对于用户、对于企业、对于公众人物，都有借鉴意义。

最近几年，傅园慧的"我已经用了洪荒之力"，《还珠格格》中尔康的招牌动作"伸手咆哮"，姚明等名人照片"移花接木"合成的表情包，张学友表情包，等等，成了人们在社交平台聊天时的热宠。

姚明多次在接受采访时回应："我觉得我的图能够博大家一乐，也挺不错。"张学友也曾表示，请大家多多使用他的表情包。《还珠格格》中尔康的饰演者周杰也曾表示，表情包大家可以随便用。但是，当看到自己的表情包被丑化恶搞时，周杰也曾表示过不满。

对于表情包滥用，有的公众人物一笑了事，有的则非常重视肖像权。那么，表情包正确的打开方式到底是什么？

1. 避免侵犯他人肖像权

如上所述，公民的肖像权未经本人授权同意，任何机构或个人不可以进行以营利为目的的使用。侵犯肖像权的两个构成要件是未经本人授权和以营利为目的的使用。本人许可包括默示许可和明示许可。默示许可即个人或商家使用他人的肖像，肖像权所有者本人并未明确反对的行为。该现象其实也很常见，很多公众人物在不知情的情况下，成了某实体商家广告牌上的形象代言人，或者其某些影视剧的形象被商家用来宣传自己的品牌，但也许是为了增加曝光率也许是不在乎，其在知悉后并未起诉，这就是默示许可。但也正因为有了太多的"默示许可"，致使一些商家抱着侥幸心理，希望能够不付出代价钻空子。而此时，涉事人一旦反对也就意味着侵权事件的发生。因此为了保障各方权益，通过口头或书面答应的明示许可是必不可少的。还有一点需要强调，即漫画肖像亦属于本人肖像权所保护的范围之一。

肖像主要分为"肖像""自然人外部形象""肖像载体"三部分。根据实务经验和学者的学术角度的分析，在认定侵权法意义上的肖像时，需要审定的是肖像和自然人外部形象之间的关联性，即通常所说的可识别性。如果侵权人加害行为所指向的客体（如背影、侧脸）足以使人将其与某人外部形象相联系，那么就应该将该客体视为某人的肖像。随着技术的进步，有些商家为了利用明星肖像扩大宣传效果，却又不愿意付出商业费用，常常会打擦边球，利用新媒体，呈现"若隐若现"的效果，而这些行为多会涉及侵犯他人肖像权的问题。特别是随着新媒体技术的发展，向公众传播成为人人都可以实现的行为，对于他人肖像权的保护做适当的扩大解释是符合时代发展需要的。

2. 名誉侵权问题的考虑

表情包的呈现常常有恶搞或为了取乐诋毁他人形象的加工处理，而这就有可能侵犯他人或集体的名誉权。特别是近年来受众对自身隐私的重视，使其对自身名誉也愈加重视。侵害他人的名誉不仅是法律问题，还是极其严重的社会伦理问题，必须引起足够的重视。2017年公安部在官微中也明确规定了三种不能随意使用表情包的情况，其包括：（1）以商业使用为目的，未经肖像权人或其三代以内近亲属同意，随意使用真人表情包的行为；（2）表情图形存在对权利人以不适当的"艺术"（丑化、歪曲）处理的行为；（3）未经许可就利用特定名人肖像、影视剧片段的行为。虽然其没有太高的法律效力，但对于表情包滥用他人形象的行为的规范实际可与《最高人民法院关于贯彻执行〈中华人民共和国民法通则〉若干问题的意见（试行）》第151条："侵害他人的姓名权、名称权、肖像权、名誉权、荣誉权而获利的，侵权人除依法赔偿受害人的损失外，其非法所得应当予以收缴"，以及《刑法》第364条第1款和第4款——"传播淫秽的书刊、影片、音像、图片或者其他淫秽物品，情节严重的，处二年以下有期徒刑、拘役或者管制""向不满十八周岁的未成年人传播淫秽物品的，从重处罚"挂钩。

对于表情包这种随着互联网社交应运而生的新型语言符号，社会的心态应该是积极的和欢迎的。但表情包的制作与使用是建立在交流双方关系友好和谐的基础之上的，它应该是一种积极的交际符号。而部分在表情包中加入色情、暴力或其他消极、不健康甚至触碰道德和法律底线的内容的行为必然会遭到坚决的抵制与法律的惩戒。

3. 注意表情包涉及的著作权问题

多数被告因使用他人影视剧形象等而涉及著作权侵权问题时，都会引用《著作权法》中相关的"合理使用"原则的条款进行辩诉："在下列情况下使用作品，可以不经著作权人许可，不向其支付报酬，但应当指明作者姓名、作品名称，并且不得侵犯著作权人依照本法享有的其他权利：（一）为个人学习、研究或者欣赏，使用他人已经发表的作品；（二）为介绍、评论某一作品或者说明某一问题，在作品中适当引用他人已经发表的作品……"。就目前的司法讨论看，对表情包到底能不能算作《著作权法》中的"作品"，是否应具有独创性、可复制性和成为智力成果是存在质疑的。特别是对于在原有作品的基础上进行了技术加工能否算作具有独创性这个问题，是存在不同意见的。就目前表情包的使用来看，大多数表情包制作完成后，都是免费提供给受众使用的。表情包创作并不能保证创作者获得报酬。虽然微信开通了赞赏功能，用户可以自愿支付赞赏金以表达对作品的喜爱，但这一收入肯定是不稳定的。表情包发布者、使用者等等关联用户，均无须支付任何报酬给创作者。既无关于著作权的对等收益，又无相关发布表情包公司的任何支付，那么，所谓"支持原创"岂不是一句空话？这应该也是山寨版表情包屡禁不止的原因之一。

原创表情包没有应得的回报，随便一个"微整"，山寨表情包也可以拿出来收"打赏"报酬，法律所谓的有偿使用、尊重知识产权，在表情包界根本行不通，原创作者连自己的原创报酬都无法取得，哪有钱和工夫再替自己的作品被山寨被"微整"来维权？因此说，关于表情包的著作权问题实际上已经成为一个严肃的法律问题，而其与表情包侵犯他人的肖像权、名誉权等乱象是息息相关的。表情包无法实现劳动与报酬的对等，某些网络运营者永久性免费使用而不给予任何报酬或者让原创作者仅靠第三方的"打赏"而讨生活。这些问题随着表情包的普及应该给予更多的重视。

综上，随着表情包发展成为人们交流的必需品，对于表情包的制作与使用的规范也应提上议事日程。首先，于网民而言，应该增强法律意识，认识到表情包的制作与使用不能碰触法律边界。其次，于平台而言，相应的审核应该跟上。相关平台应健全表情包事先审核功能，哪怕再富有创意，也须兼顾道德规范、国家法律法规与政策，不能任由侵权表情包自由泛滥。再者，于相关部门，应加大相关法律知识的普及力度。诚如专家所言，将针对表情包的创作、使用经常涉及的法律规范问题等分散处理的规范性条款收集起来，按照一定的逻辑整理成册，并做必要的细化解释，一方面可以让公众知道制作和使用表情包的规矩，另一方面也可以借此有针对性地规范从业人士。

参考文献：

［1］王成. 侵犯肖像权之加害行为的认定及肖像权的保护原则［J］. 清华法学，2008（2）.

［2］吕彦. 公民肖像权若干问题探讨［J］. 现代法学，1990（4）.

［3］杨桂芳. 试论对侵害公民肖像权案件的审理［J］. 法学评论，1988（1）.

［4］张红. "以营利为目的"与肖像权侵权责任认定：以案例为基础的实证研究［J］. 比较法研究，2012（3）.

［5］董超格，薛建兰. 网络表情包使用的侵权分析［J］. 出版广角，2018（14）.

［6］杨玉龙. 疯狂"表情包"须有法律边界［EB/OL］.（2017-09-26）［2020-02-26］. https://www.chinacourt.org/article/detail/2017/09/id/3004987.shtml.

个人信息保护中知情同意原则
所面临的困境与立法建议
——以许某诉 QQ 浏览器侵犯个人信息案为例

一、个人信息侵权相关案件综述

（一）个人信息侵权案件回顾

2019 年 6 月 3 日，用户许某因《QQ 浏览器》App 获取用户微信及 QQ 账号中的头像、性别、生日、地区等个人信息以及好友信息，在江西某法院起诉《QQ 浏览器》App 运营方腾讯，并提起了行为保全申请（诉前禁令），要求腾讯立即停止侵犯其隐私权的行为。法院裁定腾讯立即停止在《QQ 浏览器》App 中获取用户微信及 QQ 账号中的头像、性别、生日、地区等个人信息，以及微信好友信息的违规行为。

微信和 QQ 浏览器同属于腾讯公司旗下产品，数据共享和互通可以理解，但是用户必须可以手动删除这些隐私数据。当然用户个人隐私被泄露和侵犯已不是个例，特别是在如今的大数据时代，互联网产品中都保存了大量的用户数据，例如社交类软件和支付类软件。

《网络安全法》第 22 条规定："网络产品、服务具有收集用户信息功能的，其提供者应当向用户明示并取得同意；涉及用户个人信息的，还应当遵守本法和有关法律、行政法规关于个人信息保护的规定。"此规定也被叫作"用户知情同意原则"。实际上，用户在注册或第一次登录网络产品或服务时，一般都会"被要求"签署一份关于隐私或个人数据获取的知情同意书，但就目前发生的案例看，很多知情同意书实际形同虚设，并没有起到实际的作用，那么问题出在了哪里？需要立法与实践如何完善？

(二) 个人信息保护中知情同意原则面临的困境

有网友表示：不只是QQ浏览器，互联网中的好多软件都有这种侵犯个人信息的行为。某些软件，在用户打开时即会自动获取用户的个人信息和通讯录，更有一些软件如果不允许被获取信息即无法登录，还有些软件会强行定位和打开摄像头、麦克风，还有一些未经提示和允许就弹出的广告窗。更有甚者，在某个应用搜索或者网上聊天时提到某个词语，之后另一个应用就会弹出相关词语的广告。与之对应，很多应用开发者或经营者表示了他们的无奈与无辜：首先他们收集用户信息是为了更好地、有针对性地为用户服务；其次，他们开发软件的目的当然是赚取利益；最主要的是，他们在获得用户的个人信息之前，大多已经和用户签了所谓的"知情同意书"，因此他们认为自己是无辜的，可最终却被用户"反咬"。可见，知情同意原则在个人信息保护中面临着尴尬的处境。

相比用户个人，软件开发者或经营者应该属于两方关系中较强势的一方，但随着同类软件的增多，用户也有反弱为强的可能。就目前的情况看，由于信息不对称降低了用户同意的有效性，信息主体的同意成为开发者或信息获取者的免责条款，而信息获取者又超越了授权范围使用个人信息，实际上很多个人信息的二次利用是在信息主体不知情的情况下进行的，且信息主体的理解能力无法匹配信息的更新速度以及复杂程度，以及立法的空缺使得个人信息保护无章可循。因此，找到用户行使"知情同意权"为何不能保护其个人信息的症结，是利用知情同意原则保护信息主体个人信息的第一步。

(三) 多数隐私条款中的知情同意原则形同虚设

1. 各类软件的隐私条款冗长，用户同意能力欠缺

对比几家社交软件的隐私同意书信息，很多软件需要用户签字的同意书长达二三十页，如果认真阅读，需要花费用户半小时以上的时间，这是很多用户无法做到的；即使用户读了，其中很多信息也是无法一下子找出重点的。Facebook在其知情同意条款中写道："您已将所有信息发布在FB上，并有法律同意的所有权。您还可以决定如何通过隐私设置与他人共享此信息。此外，我们还将为您提供有关知识产权的特殊信息，例如照片和视频内容（IP内容）。许可证如下：您授予我们非排他性的、可转让的、分许可的、免办税的许可证，以使用任何专有账户上传的IP内容。"而Twitter的知情同意条例为："我们的服务旨在与世界共享信息。大多数

信息是为了满足您的需求而发布的。其中包括在 Twitter 上发布的信息以及相关信息。……直到用户自愿删除并提供相应的隐私设置为止。"相比较,微信的知情同意条款更加具体,除了对敏感信息使用的说明,还有对于把信息提供给第三方主体使用或从第三方主体获取用户信息,明确告知了会征得用户同意。这些条款最大的特点就是相当复杂与冗长,即使用户认真、耐心地看完整个同意条款,也不能完全清楚他们的信息将被开发者如何使用,限于何种范围使用。

2. 隐私条款设置形式限制同意的有效性

首先,基本上所有的软件都是在用户下载好、将要使用前,弹出相似的《隐私条款声明》文档,此时用户既然已经将该软件下载,就是希望得到其服务,知道它更多的功能,所以很少有用户会关注到该软件会如何利用他们的信息。假设该《隐私条款声明》的相关项分列在用户使用的每个功能中,给用户更多考虑的时间,也许结果将完全不同。其次,《隐私条款声明》文档下一般会设有两个选项,"同意"与"不同意",一般情况下,用户只有点击"同意",才能进入软件使用的界面,而"同意"项常常还会被设置成默认选项,只留给用户 15 秒或者 30 秒左右的时间做出选择,相对于大多数冗长的隐私条款,这个默认的时间肯定是不够的。而大多数用户根本不会翻看条款,会直接勾选"同意",也有小部分人会翻看一下,但如前所说,这小部分人中的大多数实际上是看不懂或者看不到其中重点内容的,还有一部分人是时间根本不够或者其他原因,基本没有"较真"于相关条款的人。用户不因"较真"该条款而下载相关的软件,因此,隐私条款的设置表面上是尊重用户的知情同意权,但其设置的形式及设置的位置实际削弱了用户知情同意的有效性。

用户使用相关软件的前提是必须按下"同意"选项,即用户如果不同意软件收集或利用其信息,即不能享受软件提供的服务或者享受服务的质量会直接下降,"用户同意"的规则直接演变成了"是否使用该软件"的规则,知情同意原则被削弱成占有信息的告知,这就削弱了用户在个人信息保护活动中的参与度和选择性。

3. 知情同意原则的初衷被违背

2018 年,百度董事长李彦宏在中国高度发展论坛中谈及大数据及用户隐私时表示,尽管百度很重视保护隐私,但中国人对此问题比较没有那么敏感,更愿意用隐私换便利,此言一出便引发舆论的反弹。有意见表示,中国人的确在用隐私换便利,但这并不是自愿的,因为不同意的话根本就什么事也做不了。隐私条款通知本身应该是软件开发者作为服务的提供者为给用户更好地提供服务,在收集用户信息前,征求用户同意的协议书;但就目前软件开发者与用户在相关条款的实践过程来看，其已渐渐演变成免责性规则，主动权也不掌握在用户手中，这也使得对个人信息的侵犯变得越来越理所当然。收集和使用个人信息的行为成为提供网络服务的必要选项，无论是否因为服务需要，都坚持要"用户同意"。

（四）信息的二次利用常常是透明的

就个人信息的保护问题，业界与学界的讨论常常只停留在信息的初次收集、利用问题上，用户也大多默认为他们签署的隐私条款通知是针对初次利用的，对于信息二次利用的授权是比较容易忽视的。实际上，在很多的隐私条款通知中都有关于二次使用用户信息的相关条款，但一般会放置在第二页或者更后的页面，用户常常会忽视掉它的存在。对个人信息进行二次利用的用途，在具备合法性的同时亦应具备合理性，但对于个人信息的实际商业使用，政府却没有长期有效的监督体系，这既是立法层面的欠缺，同时也是政策上的疏忽。

（五）信息的不对称性使知情同意有效性降低

知情同意原则在信息保护中构建的学理依据主要是信息不对称理论，该理论认为平衡信息主体对自身信息参控力度的缺失，通过知情同意的机理给予信息主体在信息流转过程中以控制权，防止信息利用者侵害其知情权，进而维护信息主体的个人尊严与自由是非常重要的，所以，传统信息规范将知情同意要件作为信息保护与数据流通的平衡性法理基础。但在实践中，软件开发者与用户之间因地位的差别，存在着信息不对称的情形，造成信息主体对于信息控制者收集、处理和利用其个人信息的情况知之甚少。软件开发者可以被认为是信息的控制者，其拥有大量的个人信息数据，可以轻易地监测到用户即信息主体的信息；而用户却对这些幕后的控制者知之甚少，很少有自主选择权。知情同意原则最初的目的是促使信息的平衡，而在实践中则明显形同虚设。

（六）个人信息流转产生的风险

用户从自己的需求出发，希望自己的个人信息能得到合理有效的保障，并通过将自己的个人信息许可给他人使用而获得更多的财产利益。但是，软件开发者作为信息收集利用者则希望通过利用信息获取更多的财产利益。用户和软件开发者作为信息的拥有者与信息的收集、利用者，是个人信息流转中最直接的利益冲突主体。二者的利益冲突直接体现为二者对个人信息的利益期待和其是否具有可实现性之间的冲突。

高志明认为，个人信息流转包括信息的收集、处理、传输和利用。而个人信息流转的每个环节都可能使个人信息置于被滥用的风险中。而作为个人信息流转初始环节的个人信息的收集，理应将用户信息可能遇到的风险提前告知给用户，让用户自己拥有自己信息的主导权。当然，这对于信息的利用及推动大数据的发展可能存在不利的影响，但就权利的分配看，尊重用户对自己信息的自主权本身是没有问题的。

(七) 大数据给知情同意原则带来的挑战

1. 忽视信息主体的同意权

2015 年，世界经济论坛发布的《全球风险报告》指出，随着越来越多的实物连接到互联网上以及日益敏感的个人信息（包括健康和财务）被企业存储到云端设备中，网络攻击和超级链接变得日趋复杂。世界经济论坛所做的 2013—2014 年全球风险认知调查结果显示，大规模网络攻击和数据的欺诈或窃取，在影响力和发生概率两方面都超出了平均水平的风险。而大数据企业为了商业利益或者公共利益，常常会有意无意地忽视知情同意原则的存在，或者架空或者避开知情同意原则，收集使用信息主体的信息。

2. 知情同意主体确认困难

基于大多数剖析技术的分类程序及方法并不公开，亦没有足够透明度，被分类者通常无从得知他们属于哪一群组。这种情况下，个人实在难以做出知情同意。同时，由于基于剖析技术所做的决定乃是针对群组定制，如果这些针对群组的决定要获得知情同意才被视作合乎道德，我们则需要得到所有群组成员的同意。因此，在大数据时代一个重大的挑战是，我们如何能够就一些针对群组的决定而取得所有群组成员的个人同意。在个体之上，群组在大数据时代成为一种主要的决策对象，因此，弗洛里迪等学者认为，群组亦应该成为伦理反思的基本单位。在大数据时代，我们需要考虑的不单只是个人同意权，而是群组同意（group consent）、集体同意（collective consent）等概念。

3. 知情同意主体同意能力下降

知情同意的基础是使个人拥有信息自主权，所以个人信息的自决能力是信息主体能否发挥自主权的重中之重，而自决能力的发挥主要在于个人能否真正理解相关的隐私条款通知。根据以上的分析，太多冗长且太过专业的隐私条款导致个人对于自己信息的被利用情况无法明确地掌握，特别是有的信息利用者为了能够顺利获取及利用他人的个人信息，刻意将相关条款写得极度复杂及拗口，以混淆视听，从而蒙混过关。

二、完善我国个人信息保护中的知情同意原则的立法建议

大数据时代个人信息的收集、处理和利用具有多元性和复杂性，使包括用户在内的信息主体面临着对自己的个人信息失去控制的威胁，传统的用户知情同意架构受到挑战，因此，完善我国个人信息保护，确保信息保护中知情同意原则能真正发挥作用势在必行。

(一) 规范隐私条款通知，将其与免责规定相区分

隐私条款的本意是让用户知道自己的个人信息将被用在哪里，并自主决定是否同意。但根据以上的分析可知，目前的隐私条款更像是软件开发商的免责声明书，只为在软件开发者与用户出现争端时，保护开发者的利益，避免不必要的法律纠纷，并没有真正从用户的角度出发。用户对于"同意"的勾选成了例行公事，软件开发者对于个人信息的利用成为用户换取软件使用必需的条件，该行为是否公平？答案显然是否定的。明明是为了平衡用户知情权与软件开发商对于信息利用之间的冲突，最后却变成了开发者的免责声明，成为开发者滥用用户个人信息的借口。这个问题最主要的原因还在于隐私声明条款的内容与形式的设置。对于管理者，应该对个人信息得以收集与使用的源头——隐私声明条款，做限制性的规定或严格的审核，并对开发者收集用户信息的合理性与正当性做必要的判定。除此之外，建立相应的管制制度，对占据优势地位的软件开发者收集、保存、使用、转让用户个人信息的行为做出审查，确保用户的知情权，确保个人信息和隐私得到保护。

(二) 完善法律，保证用户与软件开发者地位上真正的平等

平等原则向来是民法的基本原则之一，即民事主体在民事活动中法律地位一律平等。就目前的现实看，用户与相关软件的开发者的地位常常是不平衡的，其原因包括市场因素、技术因素甚至是政治因素，就市场来说，虽然目前软件与软件之间的差距越来越小，用户的可选择性越来越大，但是由于技术等因素的限制，有些软件还是具有一些功能的不可替代性，为了使用该软件，用户不得不交出自己的部分个人信息，虽然有部分用户认为无所谓，但是还是有用户表示出无可奈何。无论何种因素的介入，法律作为底线，平等原则作为基本原则都是应该得到保证的，起码

应保证民事主体基本的地位平等。

(三) 考虑分级制度，探索动态知情同意的新模式

在某种意义上，隐私是多维的、灵活的以及动态的，它可以随着生活的经验而变化，是机密、秘密、匿名、安全和伦理的概念重叠，同时也依赖特殊的情景（如时间、地点、职业、文化、理由）。因此对于不同的用户，其自身敏感且不愿意公开的信息是不同的，隐私的保护随着信息技术的演化也是在不断变化的。个人经历与自身的特性也影响着对自身隐私的评估。IBM 调查显示：企业会更希望拿到用户的隐私，因此会低估用户的担忧；教育程度较高同时又精通技术的受访者对自己的隐私保护意识更强。Sheehan 等人发现女人比男人更担心她们的隐私被侵占；Culnan 发现年轻人、穷人、受教育程度低的人对他们隐私泄露的担忧会少一些。关于个人信息也是如此，由于性别、年龄、文化、观念等因素的不同，每个人对个人信息的认识也是不同的。因此，利用技术的手段，在软件开发者与信息拥有者之间建立一个交流的机制，促使两者之间达成某种契约，使得信息的收集与利用更加透明化，使得用户更清楚，有权自由选择同意或者拒绝自己的信息被使用，这样一方面仍然可以保证软件开发者或者大数据的使用者依然可以必要地使用相应的信息，另一方面也确保了用户的知情权与自由选择权。良好的灵活性、效率性，让信息的获取、同意的做出和撤回都更为及时，提升了效率。这样的机制还有利于提升透明度，有效增强公众的信任感。当然，这种新模式还需要技术的保证，同时，由于需要多次地提醒选择，可能在一定程度上会增加用户使用软件的时间成本，因此，该模式还只是一个设想，仍有许多探索的空间。

参考文献：

[1] 李一璇. 网络平台个人信息二次利用问题之思考：以非公开股权融资平台为样本 [J]. 现代国企研究，2018 (4).

[2] 百度谈大数据，李彦宏：中国人愿意用隐私换便利 [EB/OL]. (2018-03-27) [2020-03-26]. https://www.sohu.com/a/226492734_582307.

[3] 姬蕾蕾. 个人信息利用中同意规范的分级多层适用 [EB/OL]. (2019-01-02) [2020-03-26]. http://www.lunwenstudy.com/gjsf/138248.html.

[4] 徐式媛. 个人信息保护与流转的利益冲突与平衡 [J]. 北京金融评论，2017 (4).

[5] 高志明. 个人信息流转环节的法律规制 [J]. 上海政法学院学报（法治论丛），2015 (5).

［6］顾理平，杨苗. 个人隐私数据"二次使用"中的边界［J］. 新闻与传播研究，2016（9）.

［7］黄柏恒. 大数据时代下新的"个人决定"与"知情同意"［EB/OL］.（2018－06－07）［2020－03－26］. http://www. cssn. cn/zhx/zx_kxjszx/201806/t20180607_4351764_1. shtml.

［8］邹凯敏. 个人信息保护中的知情同意原则［D］. 杭州：浙江工商大学，2020. .

［9］Bannett，G.，Zahedi，F.，Gefen，D.. The moderating influence of privacy concern on the efficacy of privacy assurance mechanisms for building trust: a multiple-context investigation［C］. Australian: AIS，2008.

［10］Westin，A.，Interactive，H.. IBM multi-national consumer privacy survey［R］. New York: IBM，1999.

［11］Sheehan，K. B.，Hoy，M. G.. Using E-mail to survey Internet users in the United States: methodology and assessment［J］. Journal of computer mediated communication，1999（3）.

［12］Culnan，M. J.. Consumer awareness of name removal procedures: implications for direct marketing［J］. Journal of direct marketing，1995（2）.

法人名誉权保护中相关利益的平衡问题

——今日头条起诉自媒体运营者侵犯
名誉权纠纷案二审维持原判

一、案情介绍

2017 年 7 月 10 日，自媒体人武某在其运营的微信公众号上发布的《消失的价值观：比王者荣耀更应该被戒掉的今日头条》一文中陈述今日头条是"黑作坊""精神鸦片"。同时在毫无事实根据的情况下，声称今日头条是"手把手教人如何用刀作案的始作俑者"。随后该文章被搜狐网、站长之家等大量媒体转载，造成了今日头条名誉被贬低、社会评价降低，侵犯了其名誉权。原告今日头条遂向北京市海淀区人民法院起诉被告，要求其立即停止侵权，并在微信公众号首页置顶位置以及《法制日报》连续 30 天刊登道歉声明，并赔偿经济损失 50 万元。被告武某辩称其文章内容来源于权威报道，并非自己杜撰捏造，同时其个人添加的评论是公平合理、适度恰当的，并不存在侮辱和贬损。

一审法院认为武某在文章中所说的"今日头条放任甚至暗地里推动各种虚假、低俗内容广泛传播"属于事实陈述范畴，而非对事实的表达，但被告并未就该事实陈述进行举证，该言论已经构成虚假陈述，同时在缺乏权威信息来源的情况下将原告描述为"精神鸦片"，构成严重的贬损侮辱，使原告社会评价严重降低，因而一审法院判令被告在微信公众号中连续登载致歉声明 3 天，赔礼道歉、消除影响、恢复名誉，并赔偿今日头条经济损失 10 万元。被告认为一审判决罚金过高，于 2019 年 3 月 4 日向北京一中院上诉，北京一中院以一审法院酌情确定的赔偿金额并无不当为由，判决驳回上诉，维持原判。

实际上，这已经不是今日头条第一次以名誉权被侵犯为由状告自媒体人了。

2018年1月1日至3日，自媒体人凌某在其运营的微信公众号"国际投行研究报告"上发表《35岁的亿万富翁张一鸣：2017中国低俗之王》一文。今日头条认为，该文章侵犯了其名誉权，用侮辱性言语对今日头条及其创始团队进行恶意诋毁、诽谤，造成今日头条社会评价降低，遂将公众号运营者凌某诉至法院，要求其删除文章，赔礼道歉，并赔偿经济损失100万元。随后，凌某辩称，其不构成侵权，相关文章是从公众利益出发，评论也基本公正。法院最终认定，被告凌某侵犯今日头条名誉权。判决其停止侵权，立即删除涉案文章，并在其微信公众号主推文及新浪微博置顶位置连续登载致歉声明24小时，向今日头条赔礼道歉，以消除影响、恢复名誉，并赔偿经济损失及合理支出共计86 316元。

二、案件评析

名誉（reputation）指对人的行为、品质特征的外部评价，是对每个自然人或法人的品德、才能及其他素质的社会综合评价。虽然名誉产生于人的行为，但并不是人行为的直接反映，而是别人眼中对此人行为的看法，因此它并不一定是一个人真实的自我，而是一个人在他人眼里看起来的样子。尽管两者之间肯定会有重叠，但也必然存在差距。

结合两起相似案件进行分析，法人名誉权案件的焦点主要集中在：第一，法人名誉权侵权的认定及什么样的词可以构成侵权法意义上的名誉侵权；第二，在网络上，法人名誉权与言论自由的界限在哪里，特别是对于媒体的监督权的发挥，如何平衡媒体舆论监督与法人名誉权的冲突。

（一）法人名誉权与自然人名誉权判定之间的差异

法人是相对于自然人而言的，是法律拟制的人，它是指具有民事权利能力和民事行为能力，能够独立承担社会责任的社会组织。关于法人是否具有名誉权的论证由来已久，其主要有两种观点：持否定态度的人认为，法人与自然人不同，法人没有自然人的生理和心理机能，缺乏名誉感和精神感受，而且法人属于拟制人格，不享有实体的人格权。而持肯定观点的人认为，虽然法人由于性质上的限制不能享有自然人专属的某些民事权利和义务，但是名誉权并非基于自然人身份属性，法人亦可以享有。法人的名誉权是在整个活动过程中逐渐形成的，是社会对法人的信誉、产品质量、服务水平、经营活动等的综合评价。法人名誉权是法人基于其社会活动所产生的社会评价而享有的权利，法人名誉权是法律所赋予法人的权利，同自然人名誉权一样神圣不可侵犯。从目前法律的制定与司法实践结果看，大多数法院支持法人是拥有名誉权的。

《民法通则》第 101 条规定："公民、法人享有名誉权，公民的人格尊严受法律保护，禁止用侮辱、诽谤等方式损害公民、法人的名誉。"最高人民法院《关于贯彻执行〈中华人民共和国民法通则〉若干问题的意见（试行）》第 140 条第 2 款对侵害法人名誉权问题做出了具体的司法解释，规定"以书面、口头等形式诋毁、诽谤法人名誉，给法人造成损害的，应当认定为侵害法人名誉权的行为"。从法律条文中可见，法律中对于法人名誉权是有具体规定的。

但是，法人毕竟不同于自然人，两者之间在表现与认定上是存在差异的。

首先，就名誉权保护的内容来看，法人名誉权的内容主要包括其经营的形象，是法人经营中通过自身的能动作用在社会中塑造出的社会形象，即对法人生产经营能力、生产水平、资金状况、产品声誉、商业信用、成果贡献等因素的综合社会评价；而自然人的名誉主要是对自然人能力、品质、作风、思想和才干等方面做出的社会评价，是专属于自然人素质的名誉。

其次，相关权益的侧重有所不同。法人名誉主要与财产利益紧密相连，自然人名誉则主要侧重于精神利益，与财产相关的内容不多。法人名誉一旦遭受损害，将直接影响企业经营收入，导致产品滞销、交易关系中断，影响企业的生存发展。因此，就法人名誉权的赔偿除了道歉，经济损失的赔偿判定是必不可少的；而自然人名誉更多考虑的是自然人作为"人"的精神方面的损害。

再次，法人的名誉损害一般不会产生精神的痛苦。法人名誉侵害的后果主要是对法人社会评价的影响，而这种评价的影响一时很难消除，也很难弥补，因此在判决的过程中如何评估对法人造成的隐形损失是一大难点。

自然人名誉权侵权与法人名誉权侵权的表现与认定的不同也成为法人名誉权侵权案件在审判时存在争议的一大原因。

（二）关于法人名誉权的争议

首先，关于名誉权侵权问题的认定是一大难点。从表面看，只要散布了对法人不利及不真实的言论及批评，就可能构成对法人名誉权的侵权，但是相对于名誉权，个人的言论自由也是需要法律保护的，而如何在保护法人名誉权的同时保护个人言论自由是法律判定的一大难点。

言论自由是民主制度的条件和内在要求，它塑造"积极公民"，提供公共信息，确保选举机制运转，并防止政治垄断。而法人与自然人的名誉权常常与自然人的言论自由权发生冲突。公民具有通过批评对政府机构、大型公司实行监督的民主权利。如果不对政府机构、大型公司等法人的名誉权进行限制会挫败公众参与公共事务讨论的积极性，使公民因畏惧诉讼而不将自己的观点公之于众，也就是产生了威慑效应或者说寒蝉效应。因此，在言论自由与法人名誉之间寻求合适的保护的"度"是法律在制定与执行时需要慎重考虑的。

其次，抗辩理由的认定也比较复杂。作为公众人物或知名机构，其名誉权与普通自然人的名誉权不完全相同，会受到更多的限制，但也不绝对。在两种情况下，公众人物或知名机构的名誉权会受到一定限制：一是为了维护社会公共利益和满足公众兴趣需要他们更好地维护自己的名誉，以此来起到榜样或表率的作用。二是为了协调舆论监督权与人格权保护冲突的需要。在两者发生冲突的时候，应当侧重于保护舆论监督的权利，因为舆论监督的权利关系到公共利益的保护，为了公共利益，不能削弱舆论监督。

在这里要特别强调媒体与公司法人之间的关系。新闻媒体及互联网，作为媒体或媒体平台，常常代替民众行使生活中相应的言论自由权，也承担着重要的舆论监督功能，作为新闻领域内的"领军人物"，《焦点访谈》栏目曾被朱镕基总理形象地总结为：舆论监督，群众喉舌，政府镜鉴，改革尖兵。由此可见，新闻媒体在促进国家、社会、个人文明发展过程中发挥着重要的作用。从三鹿奶粉事件到福喜工厂加工过期食品被曝光，从长生制药生产假疫苗到如家、七天等知名连锁酒店被曝卫生不合格，媒体对企业法人的不法行为的监督，对社会公共利益的贡献功不可没。但是，也有部分地区，少数新闻媒体漠视国家法律法规，不顾行规行纪，超越法律赋予的言论自由权限，在不经查实的情况下就肆意报道有关企业的负面信息，例如《新快报》虚假报道中联重科集团财务造假，导致中联重科股价严重下滑，该媒体与记者当然要受到法律的制裁。但是，在此需要注意的是，新闻媒体对报道的查实义务并不是严格地必须对所报道的新闻信息完全印证，鉴于新闻媒体的性质，如果要求其采用技术手段对所报道的内容进行完全意义上的核实，显然是不合理的，也会在很大程度上降低新闻媒体监督的时效性、积极性。在美国著名的《纽约时报》诉沙利文案中，联邦最高法院一致认为："民主社会自由辩论具有极端重要性，它比可能惹怒甚至损害政府官员或公众人物声望的事实错误明显重要得多。人们可以发表对政府的任何批评意见，政府不能因此而起诉。人们也可以自由地发表任何观点，而不应该因此受到起诉，只有在你在发表某一言论时明知有事实性错误，才有可能受到起诉。"

再次，关于言论失实是否一定构成名誉侵权，不能一概而论。对普通公民进行批评等的失实言论构成侵权的可能性会更大，但对在社会上具有一定知名度的人，如政府公职人员、公益组织领导人、明星、文学家、科学家、劳模等知名人士包括企业法人，对他们的批评应有更大的容忍度，原因在于：政府公职人员及其他知名人物以及企业法人，特别是知名企业，他们依靠自己的名声或者荣誉获得了比普通自然人更多的利益，他们负有人民或社会的重托，他们的言论和行为理应更多地受到人民的监督。在这种批评议论的过程中，难免会有一些不准确的说法，如果抓住这些不准确之处加以惩处，就有可能窒息批评议论，妨碍对他们的监督。当然恶意侵权的则不能以公众人物作为抗辩理由，然而判定是否为恶意，应该有其合理的理由，目前的实践中有五项认定标准：

（1）消息来源于具有一定权威性，不是道听途说或恶意编造的。

（2）报道的新闻或传播的言论是否引爆了舆论？记者是否有足够的时间查证？

（3）新闻采访过程是否符合新闻工作的常规？是否有人提出质疑而记者不加理睬？

（4）依据常识判断这件事是否可能发生？是否需要进一步进行查证但记者没有查证？

（5）报道者同被报道者是否有恩怨纠纷？报道者有无其他动机？

最后，关于法人名誉权是否应受到限制，目前学界有争议，但是总结国内外经验，大体认为在认可法人具有名誉权的同时，应该限制法人的名誉权。理由在于：公民对国家机关有监督权利，国家机关虽为法人，但其名誉权应当受到限制。这是法人名誉权不同于个人名誉权的最大特性。正如王利明教授在其主持编撰的民法典草案中所认为的，机关、事业单位和社会团体法人仅在维持本法人正常运转的范围内才享有民事权利能力和行为能力。因此，应当区分机关、事业单位和社会团体法人的民事行为和行政行为，对其民事行为的诽谤可能构成对名誉权的侵犯，但对于其行政法上管理行为的批评监督，则不能认为侵犯名誉权。

（三）法人名誉权侵权的认定

法人非自然人，所以对自然人构成侵权的手段，对法人未必构成侵权，应区分两种侵权模式的不同。从个人与法人名誉的差别来看，个人具有动物本性和本能，而法人具有社会属性，法人非人，所以对个人名誉构成侵犯并不意味着侵犯了法人的名誉权，同样对法人内部个人名誉的侵犯也不能认为是对法人整体名誉的侵犯。

名誉权侵权的构成要件有四个方面，即《最高人民法院关于审理名誉权案件若干问题的解答》中明确规定的：是否构成侵害名誉权的责任，应当根据受害人确有名誉被损害的事实、行为人行为违法、违法行为与损害后果之间有因果关系、行为人主观上有过错来认定。

从构成要件看，主要争议在于行为违法性与损害后果的判断上。只要行为人实施了诋毁、诽谤个人或法人的行为，使个人或法人的名誉受到损害，即违反了相关法律规定，则可认定该行为具有违法性。如果行为人正当行使言论自由、批评建议、舆论监督等合法权利或者为维护自己的合法权利而客观上对法人或个人名誉造成影响，则其行为不具有贬损法人名誉的违法性，不构成侵害名誉权的违法行为。

从损害后果来看，法人与个人名誉权受侵害大不相同，认定标准也不一样。个人名誉权受侵犯，表现为个人受到他人公开的诋毁、诽谤、侮辱，并且为他人或公众所知。个人名誉权受到侵犯更多强调的是受害人的个人感受，而法人名誉权受侵犯，不仅要有侵害的事实，还要看损害后果是否存在，即法人的社会评价及生产经营功能是否因此受到影响。如果造成实质性影响，则可认为法人名誉权受到侵犯；否则，因为法人没有"精神痛苦"，不具有自然人的思想感情，无从认定法人名誉权受到侵害的事实并且得到赔偿。

参考文献：

［1］"比王者荣耀更应被戒掉的今日头条"引维权［EB/OL］.（2017-11-21）［2020-02-25］. http://news.sina.com.cn/sf/news/ajjj/2017-11-21/doc-ifynwnty6282362.shtml.

［2］Milo, D.. Defamation and freedom of speech［M］. Oxford：Oxford University Press，2008：17.

［3］五十岚清. 人格权法［M］. 铃木贤，葛敏，译. 北京：北京大学出版社，2009：17.

［4］王泽鉴. 人格权法：法释义学、比较法、案例研究［M］. 北京：北京大学出版社. 2013：150.

［5］杨立新. 企业法人名誉权侵权责任的界限判定［J］. 人民司法，2015（16）.

［6］法人名誉权与公民名誉权有何不同［EB/OL］.（2019-05-01）［2020-02-25］. https://www.66law.cn/laws/580934.aspx.

［7］黄文熙. 浅论自然人人格权及法人人格权的本质［J］. 中国政法大学学报，2012（5）.

［8］王亚明，仲伯君. 法人名誉权问题探讨［N/OL］. 人民法院报，2015-09-09［2020-02-25］. http://rmfyb.chinacourt.org/paper/html/2015-09/09/content_102567. htm? div＝－1.

[9] 姜峰. 言论的两种类型及其边界 [J]. 清华法学，2016 (1).

[10] 杨晔. 法人名誉权及其侵权责任法保护研究 [D]. 长春：吉林大学，2017.

[11] 王慧霞. 言论自由的限制与保护：《纽约时报》诉沙利文案 [EB/OL].
(2013－06－24) [2020－02－25]. http：//bjgy. chinacourt. gov. cn/article/detail/
2013/06/id/1016772. shtml.

关于作品"深度链接"行为的思考

——央视诉直播平台擅转奥运赛事案一审宣判

一、案件回顾

2017年2月，北京市东城区人民法院对央视国际网络有限公司（以下简称"央视国际"）诉新传在线（北京）信息技术有限公司（以下简称"新传在线"）、盛力世家（上海）体育文化发展有限公司（以下简称"盛力世家"）擅转奥运赛事案一审宣判，认定二被告公司行为构成不正当竞争，须赔偿央视国际经济损失及合理支出共计500万元。

央视国际诉称，经国际奥委会和中央电视台授权，其在中国境内享有通过信息网络提供中央电视台制作播出的第31届夏季奥运会电视节目实时、延时转播及点播服务的专有权利。而新传在线、盛力世家却将"正在全程视频直播奥运会"等作为百度推广的关键词进行宣传，并吸引用户进入其运营的网站"zhibo.tv"，通过下载此网站的直播浏览器观看央视国际实时直播的奥运会内容。央视国际认为，被告的上述行为会使用户误以为被告有权进行奥运直播，被告仅以加框链接方式呈现央视国际网站的直播内容，属于虚假宣传的不正当竞争行为。同时，央视国际称，被告在涉案网站上设置"奥运会单项主播招募"栏目，鼓励用户充值打赏支持主播直播，并设置奥运专题，引导用户进入专门直播间后，以加框链接嵌套的方式呈现央视直播内容，通过主播多路、实时解说及插入弹幕，实现用户与主播在同一屏幕观赛和互动，并分成盈利。央视国际认为，被告利用原告独家奥运会节目资源为涉案网站及浏览器吸引用户，增加其主播的获利机会，以此获取不当商业利益，构成不正当竞争行为，故诉至法院要求二被告共同赔偿原告经济损失及合理支出500

万元。

新传在线及盛力世家辩称,"正在全程视频直播奥运会"等宣传语并不虚假,因为新传在线经营的网站通过设置链接,使得用户最终进入央视国际直播的奥运会节目,且主播也对节目内容进行了直播解说。网络直播的主要盈利模式就是按直播效果付费,主播和直播平台基于用户的自主打赏而按约定比例分成获利的行为符合互联网行业的商业模式,不具有不正当性。二被告还提出,浏览器主页设置指向第三方网站页面的链接,并向用户提供跳转链接服务是互联网行业的通行做法。与普通浏览器不同的是,涉案浏览器在主页设置的是指向各类体育赛事视频网页的链接,对当天全球发生的各项体育赛事进行了汇总,这是其主打体育类浏览器的特色。二被告认为,虽然浏览器在页面完全跳转的同时会为用户打开主播直播互动区,但以插件方式向用户提供互动功能是对普通浏览器的丰富和创新,增加了"陪伴"用户观看体育赛事的趣味性,也增加了被链网页的网络流量,且用户可选择关闭互动区,因此未对央视国际造成损害。

法院认为,央视国际曾多次发布里约奥运会电视节目的版权声明,二被告作为专业的体育赛事直播平台对此应当知晓,却仍实施上述行为,具有明显的"搭便车"及"不劳而获"的目的。被告的相关行为显然已经超出了必要的限度,不仅构成了对原告提供此项服务的实质性替代,损害了原告利益,而且破坏了网络直播体育赛事节目需获得授权许可这一行业惯例,扰乱了公平竞争的市场秩序,违反了诚实信用原则,属于我国《反不正当竞争法》第2条规定的不正当竞争行为。

实际上,在著作权法领域,作品链接问题早已不是一个新问题,早在1996年,苏格兰的设得兰时代有限公司(The Shetland Times Ltd.)诉设得兰新闻(The Shetland Times)盗用其新闻网站作品一案中即涉及链接侵权问题,最终双方当事人达成诉前和解。

该案的主要争议在深度链接是否侵权,原告认为其本身具有该体育赛事的所有版权,不允许他人以任何形式传播给受众,而被告方则认为自己只是"搭建"了一个平台,最终的访问还是会转回原版权的拥有者。

互联网是一张由链接连接起来的巨网,链接侵权类型的出现总是与互联网发展程度紧密相连的。随着互联网的快速发展,体育赛事直播平台应运而生,这是一种从事体育赛事视频直播的新兴商业经营模式,但也正是由于其"新",在司法实践中审判者对深度链接法律定性的标准所持的意见各有不同。例如,2018年2月,纽约南部地区法院在贾斯汀·戈德曼(Justin Goldman)诉布赖特巴特(Breitbart)等新闻出版商案件中认定深度链接行为构成公开展示行为。而在2007年,美国联邦

第九巡回上诉法院判决的 Perfect 10 公司诉亚马逊公司（Amazon.com，Inc.）案却采用了服务器标准，但该标准并没有被其他法院接受。由于深度链接侵权的行为模式具有种类多样、手段隐蔽、技术复杂等特征，司法实践中对深度链接行为的认定标准又不统一，加之对深度链接行为认定的法律条款不够完善，在实践中无法对法官起到指引作用，因此司法实践中对深度链接侵权案件进行评判时，法官只能根据具体案件事实进行认定，此类案件的自由裁量空间就很大，很容易导致法院对同一行为的认定标准出现偏差。

二、深度链接行为认定标准的争议

目前，司法界与理论界对于服务器标准、用户感知标准及实质呈现标准等多种量化标准的认定存在分歧，其争议主要集中在对信息网络传播权中交互式传播行为判定标准的认识上，进而对深度链接行为是提供作品内容从而侵犯原作品持有者的版权还是只是提供给受众更多选择的形式，以及对原作品持有者是否存在伤害等问题产生了质疑。

（一）关于服务器标准的争论

王迁等认为采用服务器标准可认定深度链接侵权行为，认为提供深度链接的过程并未将被链作品上传到自己的服务器上，因此不应该判定该行为是对外提供作品的行为，继而不应该判定其构成直接侵犯信息网络传播权。对该观点持反对意见的学者认为，设链网站会误导受众从而导致受众此后依旧进入其平台寻找相关信息，此做法必然会影响初始网站的流量，对作品所有权网站的权益造成损害。服务器标准认为，不能因为大众在接收作品时误以为作品是由设置深度链接的网站为其提供的，从而影响法院对客观事实的认定，而将设链网站的行为认定为提供作品的行为。对于受众来说，设链网站对被链网站的作品设置链接的行为确实为其带来了方便，有助于受众更快地找到需要的作品；从被链网站的角度来说，设链网站帮助其拓宽了传播渠道，如果被链网站将作品删除或关闭服务器，被链作品将随之关闭，因此，是否传播该作品的权利实际上依然掌握在被链网站手中。如此分析，深度链接行为不属于"初始提供行为"，不构成向公众提供被链作品的行为。根据服务器标准，对他人已经上传至服务器中的作品设置深度链接的行为只是为大众提供一个获取相关作品的更加便捷的渠道，于受众、于被链接的网站都是有利的，因此，不构成对信息网络传播权的直接侵犯。如果设链网站对被链网站中相关作品的相关收益产生影响，那也只能根据其主观过错构成间接侵权。

（二）关于用户感知标准

有学者提出了对深度链接行为认定的用户感知标准。用户感知标准顾名思义就是将使用设链网站的受众对其获得作品来源的直观感觉作为判定标准，也就是说在设链者没有明确标明链接来源的情况下，公众会以为自己观看的内容就是该设链网站提供的，如此即可认为该设链网站侵犯了被设链网站的合法权益，该设链行为即可判定为侵犯了被链网站或著作权人的信息网络传播权。但是，如果该设链网站在明显的位置标注了设链作品的原出处，受众在使用时亦知道该作品真正的提供者的身份，只是因为其他原因没有从被链网站进入，此时，可认为该设链网站的设链行为是合法的，起码不构成直接侵权。

（三）关于实质呈现标准

以崔国斌为代表的学者认为，采用实质呈现标准作为判断深度链接行为的依据更加合理可行。其认为设链者在未经许可的情况下将被链网站中的作品链接到自己的网站或其他终端上进行提供或者播放，会导致用户在浏览被链作品后就丧失了再进入被链网站搜索信息的动力，此时已经对被链网站构成了实际上的侵权，其服务也就不再仅仅是提供网络链接而是一种提供作品内容的服务，与广播、信息网络传播等在实施效果上并没有本质的差异。因此，该观点认为深度链接无论其最终影响的大小，只要其实施了设链这一行为，且事先没有经过被链网站的同意，那么其已构成实际的侵权。

比较以上三种认定标准，可发现其中都存在一定的弊端。首先，关于服务器标准的认定会存在僵化的可能。该标准可以理解为从技术的角度出发进行认定，但是，技术本身的发展与变化是无法预计的，就目前看，服务器即可进行多方位设置，如果某一天不再设置服务器即可设置链接也不是没有可能，那么，服务器标准终将会丧失其存在的理论意义。而从版权的角度看，只要最终能"链回"服务器即可判定其为合法，那么，不管用户从哪个平台进入对于被链网站来说都是公平的吗？这一标准对于网络环境特别是持有作品版权的网站是有利的吗？这些都值得深思。例如 A 网站获取了某个作品的版权，B 网站对 A 进行了深度链接，当用户发现 B 网站集中的资源要多于 A，那么用户还会再进入 A 网站获取资源吗？而投资者会以该网站吸引的流量作为其是否投资的标准，这样一来，投资者会选择 A 还是 B 呢？很明显，服务器标准很有可能打击被链接网站的吸金量，从而有失公平。而用户感知标准本身带有很强的主观性，很多用户并不会在意他们打开的是什么网站，只要能获取自己需要的资源，不管该网站上是否有明显的标记，其都是无所谓的，那么，用户感知标准根本无法帮助法律做出公正、客观的判决。相比较而言，实质性呈现标准优点比较突出，但其也存在一定的问题，即对链接作品的呈现形式和传播范围的影响应该如何评估。虽然设链行为对被链网站或著作权人会在经济利益或流量上造成损害，但是，其无形中也可能对被链网站的内容进行了传播，为被链网站做了广告，如何计算这部分对被链网站可能带来的有利影响，也是审判者为公平起见需要考虑的。

单论设链网站的实际作用，其对于用户、对于被链网站实际上都是有积极的一面的。其通过设链可以为用户提供更多方便、帮助被链网站扩大影响力，扩展传播渠道，因此，将其"一棒子打死"显失公平，而且从目前趋势来看，完全禁止深度链接也是不可能的，法律管制太紧只会让一些精于算计之人另想他法，反而不利于互联网空间的良性运作。因此，对于深度链接，建立适当的法律标准，进行合理的引导与规制是必须且急迫的。

三、深度链接行为的合理引导意见

既要顺应用户的需要又要顾及网络版权市场的有序发展，即需要在明确深度链接行为的定义及判定的基础上，找到合理的机制来解决目前对深度链接行为认定及规制的困境。

在该案中，这种对被链网站进行干扰的行为，使得被链网站无法按照自己的意愿在网站上展示直播内容，妨碍了被链网站正常经营，应属于对被链网站的侵权。设链网站互动功能的增加，看似丰富了用户的观看体验，但未注明来源可能导致用户对提供服务的主体产生混淆。长此以往，被链网站作为视频直播入口被选择的竞争力将不断下降，其网站的利益势必受损，最终用户也难以获得长期持续的利益，这是不可取的。而要认定该行为的性质，目前看，最好的办法是将三种认定标准进行适当综合，扬长避短，从而形成对深度链接行为是否侵权最终的判断标准。

通过分析，虽然实质呈现标准有显失公平的可能，但是对比另外两种标准，其存在比较大的优势，更符合对深度链接行为认定的内在逻辑。实质呈现标准能够直击深度链接行为侵犯著作权人或被链网站利益的本质问题，就事后造成的结果做"具体情况具体判断"，但也如上所分析，其还是存在一些问题。因此，与其在深度链接行为发生后进行判定，不如将其规制标准置于事件发生之前。

关于用户感知标准和服务器标准的争论，源自对"信息网络传播行为"和"提供作品"的不同的见解，用户感知标准更加关注用户的感知方面的内容，即一旦用户内心认为自己所获得信息是来源于设链网站，则设链网站就可以被认定为进行了"信息网络传播行为"，甚至在未经许可的情况下会构成直接侵权。然而，服务器标准强调客观事实，即构成"信息网络传播行为"的唯一标准是作品存储在设链者的服务器上，其他情形在所不问。否则，将不会构成侵犯著作权。

针对此现象，法律规制应在深度链接行为发生之前即给予其相应明确的规定，除了在《反不正当竞争法》和《合同法》中对其行为进行规制，还应该在《著作权法》中将相关条款明确列出，将行为产生的后果进行事前规制。法律并不阻碍技术或商业模式的创新与发展，但任何具有创新性的竞争行为均应充分尊重竞争对手在技术研发或信息获取、使用过程中的付出，不得通过不合理地借用他人的竞争优势的方式为自己谋取交易机会，不得对他人的正当经营模式产生不当干扰。就目前众多带有争议性质的深度链接行为看，设链网站都有想要"搭便车"的嫌疑。

四、"搭便车"行为的认定

所谓"搭便车"，主要指在同一个利益群体中，某些主体不用付出即可获得集体利益的现象，其基本含义是不付出成本而坐享其成的投机行为。随着"搭便车"的人数不断增加，整个社会的总体效率会越来越低，进而会导致集体利益遭受损失，造成公地悲剧现象。互联网中的"搭便车"行为认定主要基于《反不正当竞争法》的相关规制，其判定的标准主要包括：

（一）诚实信用原则

诚实信用原则不仅是法律的基本原则、互联网行业的基本道德准线，同时也是认定不正当竞争行为的基本判断标准。"商业道德，即是诚实信用原则在反不正当竞争法意义上的具体体现；商业道德是在特定的不同商业领域中的商业伦理，是交易参与者共同认可和遵守的行为准则，应当按照特定商业领域中的伦理标准加以评定。"结合最高人民法院的规定，认定不正当竞争行为的标准在于对商业道德的解读。

作为经济发展的重要组成部分，互联网行业当然也存在商业道德的判断标准，而为了赚取商业价值的深度链接行为即违背了互联网行业的商业道德。判断商业道德的内涵和外延本质上是一种价值判断。在价值判断过程中，判断的主体、时间、空间等因素都会对结果产生很大的影响，这给商业道德的判断带来了很大的不确定性。这也正是深度链接行为难以认定的原因之一。

(二) 互联网行业的"搭便车"行为识别

随着经济的发展以及互联网技术的提高，互联网企业竞争日趋激烈，很多互联网企业建立起自己的平台，但由于资金等因素的限制，其会想办法利用一些技术的手段提升自己平台的影响力，从而提高用户的体验及黏性。在没有资源的条件下，深度链接他人的作品不失为增加流量、提高知名度的很好的方法之一。当然，有些著作权人或某些被链接网站也希望通过设链网站平台进行宣传和推广，增加活跃用户数。信息传播具有快速、无形、多样等特点，会导致各个阵营的互联网企业平台之间的数据和信息互通，各个平台宣传和推送的信息就会很容易被收集、复制粘贴以及共享，从而产生"搭便车"行为。

信息在平台之间相互流动跟企业的实际盈利看似没有太多的必然联系，但是，深入研究则不然。互联网公司推送广告主要是为了增加流量，提高用户黏性，但是，相关平台的信息和数据以及服务一旦被其他平台和企业长期关注，互联网行业平台和客户之间就会形成一定的依赖和反哺关系，这足以表明：互联网企业平台已融入互联网行业产品，因为它们自身具有的隐性价值而成为产品重要组成部分。

目前网络原创的内容缺失以及恶性网络信息的流动，非常容易造成相关互联网企业发布的原创内容和信息被其他平台利用，深度链接行为就是其中之一。当深度链接成为深度替代，设链网站通过混淆用户试听，以假乱真的行为无疑侵犯了设链平台的权益，影响设链平台的用户访问量，进而影响其交易的机会，违反市场交易中的诚实信用规则。互联网企业中的"搭便车"现象已被认定存在不正当竞争的风险，并且滋生了更多的侵权以及不正当竞争。

(三) "搭便车"行为"市场替代"判定

我国法律规定，对于使用特定行业（互联网行业）公布的信息，应当在合理的可控范围之内，不得存在市场替代的行为。对于互联网行业，涉嫌链接其他平台内容的不正当行为，属于法律所规制的行为，因此导致竞争对手失去交易机会或使用户产生认知混淆的"搭便车"行为具有可归责性。

"市场替代的起点是未经许可地提供了原权利人所整理的创作内容，获取了用户访问量以及交易机会，进而造成原权利人的市场份额减少，利益受损。"其中最为典型的就是流量劫持。流量劫持，就是指互联网等企业恶意使用木马病毒等软件，通过修改浏览器、设置网页窗口弹出等强制措施，违背用户意愿，弹出广告或者强迫用户访问一些公司网站，从而造成原网站公司流量损失。

深度链接行为虽然就某一作品或内容仍会链接到设链网站上，为设链网站增加流量，但从长远看，还是会对设链网站的流量有所影响。在互联网虚拟世界里，用户购买的流量属于用户自己的财产，具有法律上的保护属性，未经用户本人许可或者同意，任何人或者企业不得非法劫持，否则将侵犯用户的权益。实际上，劫持用户流量与窃取财产没有区别。但是长期以来，相关法律并没有把劫持其他平台或者企业网站的流量定义为犯罪，所以造成很多不法分子或者不正当竞争的互联网企业长期、频繁劫持流量，甚至有些平台或者互联网企业把劫持流量作为一种牟利的手段，这些都产生了一个结果：流量劫持成了网络世界久治不愈的顽疾。市场替代是认定"搭便车"行为的一种尝试，是保护互联网行业不受侵权的一种措施，而深度链接行为中的一部分即可认定为市场替代行为的重要组成部分。以市场替代作为认定互联网行业中不正当竞争行为的重要影响因素时，还必须分析这种替代行为是否缺乏公正性。

参考文献：

[1] 何炼红，尹庆. 关于作品深度链接行为法律性质的再思考 [J]. 甘肃政法学院学报，2019 (6).

[2] 王迁. 论提供"深层链接"行为的法律定性及其规制 [J]. 法学，2016 (10).

[3] 巧松艳. 深度链接行为直接侵权的认定 [J]. 中国专利与商标，2009 (4).

[4] 许婧. 深度链接行为的法律性质及规制研究 [D]. 北京：北京交通大学，2019.

[5] 邱晨露. 深度链接行为的法律性质分析 [J]. 江西警察学院学报，2015 (5).

[6] 芮松艳. 网络实时转播行为的法律属性以及深层链接行为的举证要求：评央视网诉百度公司案 [J]. 中国版权，2014 (2).

[7] 芮松艳. 深度链接行为直接侵权的认定 [J]. 中国专利与商标，2009 (4).

[8] 姚悦. 深度链接行为的刑法定性 [D]. 上海：华东政法大学，2016.

[9] 崔国斌. 加框链接的著作权法规制 [J]. 政治与法律，2014 (5).

[10] 黄春雷，姚敏. 企业对消费者营销道德缺失的问题与对策 [J]. 现代商

业，2014 (8).

　[11] 孔祥俊. 论新修订《反不正当竞争法》的时代精神 [J]. 东方法学，
2018 (10).

　[12] 富新梅. 互联网金融不正当竞争认定的思考：以"搭便车"行为为例
[J]. 学习与实践，2017 (11).

　[13] 石宇珺."搭便车"行为视角下互联网行业不正当竞争的认定与思考
[J]. 经济研究导刊，2019 (13).

维护平台良性运行要将平台治理
与自我责任意识相结合
——百度百科词条名誉权案
一审判决做出

2013 年 1 月和 6 月，百度用户"俏女佳人"在百度百科上对赵某某的词条分别进行了两次编辑，加入其父是"大文贼"的字句，删除了其父代表作中的歌剧剧本《红珊瑚》。上述行为中添加的侮辱性字句经百度百科编辑审核发布并保留至 2018 年 7 月；其父代表作名称一直未恢复。赵某某认为该行为侵害其父及家人的名誉权，百度公司对词条编辑的审核存在过错，应承担停止侵害、恢复原状、赔礼道歉、赔偿损失等法律责任。同时，赵某某认为百度百科用户协议中"权利说明"和"免责声明"的部分内容推卸法律义务，压缩了维权空间，故诉请变更或撤销上述用户协议中的相关条款。

百度方面辩称公司已经履行法定义务，不应承担法律责任。百度公司认为自己作为网络服务提供者，已履行"通知—删除"义务。百度公司并非涉案文章的发布者和提供者，不知也没有能力事先知道涉案文章存在于涉案的网络产品中，现行法律也没有课以网络服务提供者事先审查义务。作为网络服务提供者，百度公司已经履行了事前提示和事后监管的法定义务。百度公司已经依法向法庭提供涉案百度用户的注册信息。

法院一审判决认为，该案中，被编辑的词条内容严重损害了赵某的名誉，百度公司在可以知悉网络用户利用其网络服务侵害他人民事权益之时，未采取必要措施，未尽到网络服务提供者的管理义务，应当向赵某某承担民事侵权责任。

法院判令百度公司在涉案词条页面的显著位置公开发布赔礼道歉公告，向赵某某赔礼道歉，消除影响，并赔偿赵某某精神损害抚慰金 6 万元。驳回赵某某要求百度向其提供"俏女佳人"真实信息，变更、撤销百度百科用户协议部分内容等其他诉求。

在该案中，双方争议的核心焦点在于，在删除侵权字句之前，百度公司是否应当对本案侵权行为进行审核。法院认为，在用户创造、编辑词条过程中涉及的知识共享以及观点表达，存在引发侵权的风险，作为百度百科的管理者，百度公司应当具备预防上述风险发生的意识，并应当根据其能力采取必要、合理的措施加以规制。

人物类词条因涉及对人物的评价，加之人人可以编辑的运行机制，极易出现主观化、情绪化以及具有特殊针对性的表达。因此百度公司对于百度百科人物类词条编辑的监管力度需要提升。

用户对涉案词条进行的两次编辑，均未提供任何参考资料，且在添加侵权字句时修改原因为"赵某品质不好，应该揭露！"，没有任何客观依据，百度百科完全可以对不当编辑进行阻却，但是两次编辑均短时间获得通过，说明百度公司并未通过有效措施对不当编辑行为加以预防和控制，也并未在适当情形下以高力度的监管方式对词条进行人工审核。正如判决书中所说，看似一个网络百科的词条被篡改，但其结果不单是对特定受害人名誉权的损害，更影响到网络百科的真实性、客观性、权威性，影响到互联网用户的利益，影响到社会公共利益。

就该案的本质看，其最终涉及的还是关于平台责任及平台相关条款运用的问题。翻看各大互联网平台，常常会出现相关的免责条款，它们或者让受众标记，或者只是告知。但这些免责条款真的能够让平台免责吗？

一、对平台免责护身符避风港规则的理解

一般认为，避风港规则首创于美国《千禧年数字版权法案》，也被称为"通知—删除"规则，《千禧年数字版权法案》第 512 条规定：网络服务提供者（ISP）使用信息定位功能，包括目录、索引、超文本链接、在线网络存储，如其链接、存储的内容涉嫌侵权，在可以证明其无恶意且及时予以删除侵权链接及内容的情况下，ISP 不用承担责任。我国《信息网络传播权保护条例》对其进行了借鉴与移植。

避风港规则制定的初衷是保护平台利益，促进平台发展。在互联网发展之初，如果对互联网平台课以太高的版权审核义务，将可能阻碍信息的传递和互联网的健康发展，因此，避风港规则在产生初期是有其历史合理性的。但是，随着平台的发展壮大，很多平台开始将此规则看作自己的"护身符"，但在"通知—删除"之前，对于客体的侵害已经形成，影响已经造成，再删除为时已晚。甚至有的平台会因为

有了"通知—删除"规则，抱着侥幸心理，想要蒙混过关，认为即使最终无法"蒙混"过去，也不过是"通知—删除"而已，对平台本身利益的危害不大。但是，该侵权行为对于权利人的危害已经造成，即使删除，相关利益的损害也无法弥补。在此情况下，修改避风港规则已成为大势所趋，是法律对实践关系的调整，有其实际意义。

2016 年，欧盟开始提出一系列版权法改革提案，对施行近 20 年的现有版权制度进行大改。由于修法涉及各方的重大利益，《欧盟版权指令》在制定过程中争议不断。2019 年 3 月，欧洲议会通过了《欧盟版权指令》，最终文本的第 17 条引发全球关注，这一条的内容被认为是对避风港规则的重大改革。

第 17 条用较大的篇幅对"在线内容分享平台"（content share platform）的责任进行了明确，将在线内容分享平台的行为定性为向公众传播行为而非宿主服务。该条规定主要针对视听内容（音乐、视频等）分享平台，基于以上定性，此类平台需要积极履行以下义务：一是授权寻求的义务，即尽最大努力与权利人达成许可协议，取得其授权；二是版权过滤义务，即对于权利人事先提供了相关必要信息或发出充分实质通知的作品，尽最大努力阻止其出现在平台上并阻止其将来被上传。该条同时还规定了相关的豁免和例外情形。

该条的内容被认为是对实行了 20 余年的避风港规则提出的挑战，重塑了内容分享平台的游戏规则，大量互联网平台将无法以"不知情＋通知＋及时删除"的方式抗辩权利人的诉求。

我国 2006 年出台的《信息网络传播权保护条例》中引入了避风港规则，通过第 14 条至第 17 条确立了避风港规则，构建出"通知—删除—转送—反通知—恢复"的网络著作权侵权处理流程。同时，通过第 22 条、第 23 条引入红旗规则，即网络服务提供者在知道或应当知道服务对象提供的作（制）品侵权的情况下，未主动删除或断开链接的，仍构成侵权。2009 年颁布的《侵权责任法》第 36 条也从侵权责任的角度规定了避风港规则，即规定了网络提供者接到通知后仍不删除所需承担的侵权责任。《消费者权益保护法》和《电子商务法》也有避风港规则的相关规定。

从我国的一系列法律相关条款来看，避风港规则有较为明确的适用对象和条件：一是提供信息存储空间，供服务对象通过信息网络向公众提供作品、表演、录音录像制品；二是未改变服务对象所提供的作品、表演、录音录像制品；三是不知道也没有合理的理由应当知道服务对象提供的作品、表演、录音录像制品侵权；四是未从服务对象提供的作品、表演、录音录像制品中直接获得经济利益；

五是在接到权利人的通知书后及时删除。但是仍然要警惕互联网平台的许多不当的做法。

但随着司法实践面对的现实情况越来越复杂，平台实际获得的利益越来越多，侵权行为造成的影响越来越大等现实问题，我国的司法实践也开始有所改变。

《侵权责任法》第36条第2款将"删除、屏蔽、断开链接等"作为"通知"后包括"删除"在内的必要措施的开放式列举规定；《电子商务法》则表达为"删除、屏蔽、断开链接、终止交易和服务等必要措施"。在明确列举的必要措施之中，"删除""断开链接"这类措施的严厉程度是较低的，因为其仅仅涉及单个网络用户，但是如果采取的是"屏蔽"这类必要措施，且并非采用"定向屏蔽"，那么受到影响的将可能还会有其他网络用户，该规则明显比单单"删除"要严厉很多。

以北京爱奇艺科技有限公司与北京密境和风科技有限公司（以下简称"密境和风公司"）侵权纠纷案为例，法院认为，密境和风公司在接到预警函时，应当将"秘果"设置为屏蔽词以阻止用户直播涉案剧。但是搜索该词会有很多结果，包括用户的名字之类的，此时一旦采取"屏蔽"这类必要措施，那么达到的效果将很可能超出"定位清除"，有时甚至会"殃及池鱼"。至于"终止交易和服务"则是针对电子商务这类服务而规定的更为严格的一类措施。且在这些条款中，还存在一个"等"字，因此除了已经明确列举的必要措施，网络服务提供者也可以采取其他必要措施。我国"通知—删除"规则中的必要措施是指可以避免侵权损害进一步扩大的措施，并没有指定一定是哪一个，也没说必须局限于"删除、屏蔽、断开链接"这些明文规定的措施，例如停止服务等措施也是可以纳入其中的。在《中华人民共和国民法典侵权责任编（草案）》（2019年12月16日稿）中，对于网络服务提供者的要求也是"根据服务类型的不同采取必要措施"，并没有局限于某几类措施。

《侵权责任法》于2009年发布，其出台时间比《信息网络传播权保护条例》更晚，说明我国的立法者也在试图就当下我国的"通知—删除"规则进行一次新的调整，且在此次调整中，上位法《侵权责任法》利用原则性规定将"通知—删除"规则进行了一定程度的修正，因此对我国"通知—删除"规则中网络服务提供者接到来自权利人的侵权通知后应当如何作为的理解便不可照搬《千禧年数字版权法案》的规定，不可仅仅局限于"定位清除"，而是应当在中国的语境下将之理解为采取包括但不限于"定位清除"等在内的必要措施。

结合中外的相关规定看，立法与司法机构都已意识到平台的责任应该越来越大，但是，如何既能保证平台的健康发展又能规范其行为，维护社会公共利益？从目前的法律条文看，只能说立法者"有心"，但在真正的落实上还远远不够。

二、平台治理与平台责任

我国互联网经济的发展方兴未艾,而平台经济是互联网经济发展的重要组成部分。对于平台的发展,既需要法律法规的正确引导,也需要平台明确自己的责任,树立自律的意识。

平台责任与平台治理最大的差别在于,平台责任重在事后责任的分担,属于结果追责;而平台治理重在事前事中尤其是事中的责任履行,属于过程管理。两者结合,才能共同构筑平台法律的基本内容。因此,需要科学拿捏两者的边界,既不能使注意义务的提高演变为废止避风港规则,更要防止以平台责任替代平台治理,以连带责任或者补充责任机制替代平台治理制度。从互联网发展趋势看,要在平台责任制度已经基本明确的基础上,尽快推进平台治理相关制度建设。

(一) 平台治理方式的再思考

劳伦斯·莱斯格(Lawrence Lessig)在《代码》一书中,首次系统地探讨了赛博空间中自由的边界。作为一个法律社会学范式,作者提出法律、规范、结构和市场四要素能共同影响人的行为。莱斯格提出的由私人权力塑造、不受民主制度约束的行为框架,在多大程度上能被法律(主权)控制是个问题。虽然其最后做了预测,认为代码与法律是此消彼长的关系,而代码最终会高于法律,但并没有给出充足的理由。但从目前对于平台的治理措施看,将法律、规范、结构和市场这四种方式相结合,在实践中探索出一条适合平台发展的道路无疑是目前最好的选择。分析这四种措施,当然其各有利弊,扬长避短也是立法者与执行者需要积极思考与探索的问题。

1. 法律

劳伦斯所述的法律不仅仅是由国家制定的强制执行的法律,还包括了各方面权利与义务的规则。当平台相关利益者的利益与社会公共利益相冲突时,这套法律规则即要执行其相关规定。在基本的认识中,法律是维护社会公共利益的,但是,当法律包括了规制后,其不仅要考虑民众的利益,还需要平衡相关利益者的利益,这其中即包括了平台利益者的利益。而相关利益者在什么时候进行什么行为,在什么时候进行反馈,都是一种艺术。

在《平台革命》一书中,帕克、埃尔斯泰恩和邱达利这三位学者曾提出过一个规则,那就是:对于正面的行为,法律的激励一定要透明,反应一定要快;而对于负面的行为，法律的激励有时则需要一定的模糊和拖延。他们给出了一个有趣的例子：一些交友平台深受"追踪者"的困扰。如果社区的管理者一发现"追踪者"的恶意骚扰行为就将其封杀，那么"追踪者"很快就会发现自己的哪些行为会受到惩罚，于是就会换账号、避开问题继续自己的行为。相比之下，如果平台的管理者隔一定的时间再进行封杀，效果就可能更好，因为"追踪者"将无从了解自己为什么会被封杀，从而会更加全面地注意自己的言行。

平台实际上是集公司与社会公共空间为一体的一个虚拟空间，在这个虚拟空间中，存在着许多相联系但利益又相矛盾的主体。虽然对于虚拟世界的治理还处于探索时期，但对于现实世界的治理各国政府与执法部门还是比较成熟的。将现实社会的治理及相关法律移植一部分到虚拟空间，再对"不服水土"的条款进行调整与修改未尝不是一个好的探索方式。目前，更多的法律是面对现实世界的，但不论是虚拟世界还是现实世界，法律维护社会利益、维护大多数人的权益的目的是不会改变的，因此，虚拟世界遵循现实世界的法律，特别是相关法律的基本原则与方向是可行的。

2. 规范

从某个角度看，包括平台在内的虚拟空间有其自身运作的逻辑，而作为多人活动的公共空间，必然会存在利益的矛盾与冲突，需要相应的规范对其进行约束。

相关规范的建立与实施及后面的调整实际上是有其"套路"的，规范的创立一般都是这个平台或虚拟空间中比较有权威性的人物或者平台的管理者说了算，但随着大量的团体与个体的涌入，总有一些人会发现之前规则的漏洞，他们更热衷于关心整个社区的利益，而其他的人则更多只是跟从者。如果想让一个平台运作良好，那么就必须通过改善规范，给予社区中的这些人更多的激励，让他们积极地行动起来。当这些人被激活后，其他的跟从者也会积极效仿，从而整个社区、整个平台的秩序就会有较大的改善。规范会在相关利益者的互相博弈中更加全面和完善。

在实践中，平台往往会涉及与大量用户的交互，如果采用一一应对的方式去加以治理，会耗费很大的成本。与此相比，采用机制设计的思路将是更为有利的。

举例来说，对于很多电商平台而言，恶意投诉是很令人头疼的事。由于存在着信息不对称，平台很难将真正的投诉者和恶意投诉者区分开，而对每一个投诉都认真加以处理又会耗费很多精力。针对这一问题，可以参考法律经济学中应对恶意诉讼的方法，适当提高投诉成本，制造一个门槛，把真正的投诉者和恶意投诉者区分开，从而达到减少恶意投诉、将更多精力分配到真正的投诉上的目的。

3. 结构

不同于现实世界，在虚拟空间中，不管是法律还是规范，都需要通过好的结构来实现的。这里的结构，是指让平台得以良好运作的底层技术，例如一套特定的程序、一种特定的算法等。结构对于平台治理的作用是巨大的，例如，支付宝、微信等当下人们使用的交易平台这套结构大幅度减少了交易中的欺诈行为，从而让交易成本变得更低。

目前，很多的新技术可以用来重构平台的结构。例如，区块链技术可追溯、去中心化等特点，就很契合平台治理中出现的各种问题，其应用前景将会非常广阔。因此，劳伦斯认为，在未来的虚拟世界中，结构的设计者将成为最主要的规制行为的管理者。虽然劳伦斯对于结构的法律与规制论证还不够充足，但就现实情况看，不得不承认技术对于社会的发展起到举足轻重的作用。

在互联网世界，如果没有好的结构作为支撑，好的法律和规范都是无法运作的。试想，如果没有支付宝系统，那么整个淘宝的诚信体系就很难运作起来，而评分、声誉等工具的效力也会变得十分有限。这启发我们，在平台治理中，应当十分重视"治理技术"的作用。应当积极吸收人工智能、区块链、物联网等新的技术成果，为平台搭建更好的架构，从而让整个平台的运作变得更为高效。

4. 市场

所谓市场，是用交易的思路来协调不同利益主体之间的矛盾。从某种意义上讲，用货币购买商品其实就是一种投票。我们将更多的"选票"投给自己喜欢的商品或服务，从而让它们在竞争中胜出。而不同主体之间的利益冲突，也可以通过"货币"交易来进行谈判。

这个思路同样可以搬到平台治理中。平台是一个社区，不同的利益相关者有不同的利益诉求。如果平台的运作者试图倾听所有利益相关者，那么他注定会徒劳无功。相比之下，如果给不同的利益相关者一些"货币"，让他们通过"货币"的交换来达成共识，可能会是一种更为可取的方法。

在平台中，"货币"未必是需要实物化的。它可能是代币（token），可能是积分，甚至也可能是某种声誉的度量方式。如果平台的运作者可以用好"货币"、用好市场，那么它将可以解决平台治理中的很多难题。

治理模式是多种多样的，每个平台选择用何种模式来进行治理，要针对具体情况进行具体分析。在治理模式的选择过程中，信息的特征具有至关重要的作用。以第三方媒体治理为例：如果涉及的信息是私人性的，难以被识别和证实，那么采用媒体治理的效果就会很差。而如果涉及的信息是公共性的，比较容易被识别和证实，那么采用媒体治理的效果就会比较好。

同时，还应当注意各种治理工具之间的互补性。治理体系是多种要素的组合，各种治理工具之间可能存在着替代或互补，要让治理体系运作得更为顺利，就应当尽可能使用彼此之间具有互补性的治理工具。以前面提到的评级打分系统为例。从设计的初衷来看，这一系统是为了帮助声誉的积累，但在实践中这一系统很可能存在着偏差，从而导致所传递的信息并不客观。考虑到这一情况，引入一个在线纠纷解决机制就可能是有利的——当打分出现了偏差，影响了声誉的客观性时，用户可以通过这个机制来对评价进行纠正。这样，声誉机制的运行就会更加良好。

需要指出的是，互补性的重要性说明了单一治理手段的效果究竟如何，需要放在更为具体的环境中考察。对于平台运营者而言，这意味着单纯学习其他平台的先进经验，照搬某种工具，可能是无效的。世界上没有最好的治理模式，只有最适合的治理模式。

当然，仅凭治理一己之力是不够的，建设法治社会亦需要道德的辅助，而对于平台的良性运转，除了治理，平台明确自身责任，在规范中运作也是极其重要的。

（二）平台责任的再思考

"权利越大，责任越大。"2019年8月，国务院办公厅发布《关于促进平台经济规范健康发展的指导意见》，从国家层面对平台经济发展进行了指导。"包容审慎监管""科学合理界定平台责任"成为平台经济发展的新关键词。

2019年9月8日，《新京报》举办以"科学合理界定平台责任"为主题的学术研讨会，围绕"平台经济时代，如何界定网络平台的主体责任和权利边界""新形势下，如何明确互联网平台生态圈的责任途径和责任距离""政策和法律如何更好地明确互联网平台责任边界"等议题展开研讨。会议上，专家们达成共识，即平台责任与权利应统一，未来的平台治理会是多元主体的共治。法律上权利和义务责任是统一的，在互联网语境下，既要讲责任又要讲权利，平台是有一定权利的，这种权利要有法律认可，当然，相应地也应该履行相关责任。目前专家及业界人士对平台责任的建议包括以下内容：

1. 平台的权责一致原则

权责一致原则，即互联网平台责任要和互联网平台拥有的能力、权力一致，有多少能力承担多少责任、能够行使多大权力承担多大责任，既不能强人所难，也不能听之任之。互联网平台作为互联网平台经营者和平台受益者，对其平台出现的违法侵权内容，具有一定的自我监管责任。但是这种自我监管责任，不能超出互联网平台的能力和权力，否则就会使互联网平台因为承担过于沉重的责任而步履维艰。当前世界上著名的互联网平台公司主要起源于美国而不是欧洲，就是因为欧洲对互联网平台课以过重的责任，而美国则通过避风港规则和红旗规则实现互联网平台的权责一致。具体言之，如果互联网平台上的不法内容一眼而知，或者甄别起来很容易，完全在互联网平台能力和权力范围之内，则互联网平台有义务及时甄别清除，否则就要承担责任。反之，如果互联网平台上不法信息的甄别难度或者权限超出互联网平台的能力和权力，则不能苛求互联网平台就其承担责任。

2. 平台承担责任的比例原则

比例原则，通俗地讲，就是"最小伤害原则"或者说"禁止过度原则"。它是指行政主体为实现行政目标可能对相对人权益造成某种不利影响时，应使这种不利影响限制在尽可能小的范围和限度内，保持二者处于适度的比例。

在讨论平台责任时一定要分清楚在哪一个主体含义下来讨论责任。"不同种类的平台，第一服务内容不一样，第二对整个社会的影响、调动社会资源的方式也不一样。所以界定平台责任是非常复杂的问题，一定要切块、分层、分类来讨论。"

但是不管怎样分类，共性的讨论逻辑是底线责任和非底线责任。很可能底线责任和非底线责任对绝大多数平台来说，都是差不多的，但是也会有差异的。底线责任体现在法律底线、合规底线、道德底线，它强调的是那些不可为的底线。

平台责任的合理比例可能是动态的、不好描述的，但平台责任的最大比例却是可以描述的。那就是，一不能超出现有技术的可能性，即现有技术能够实现；二不能超出商业上的可行性，即不能让平台运营者在经济上无法承受。

3. 平台自治要与政府管制相平衡原则

平台管理，目前存在着两种思路。第一种是管制思路，第二种是治理思路。所谓管制思路就是由政府来进行管理，而治理思路其实就是由平台自主去管理。

当下紧要的问题是，怎么样在管制和治理两方面中找到平衡的点。这其实应该要有两个维度。

第一，行为的外部性。如果平台的活动主要是由外部行为产生的，外部性特别巨大的，那当然需要政府去管它。比如像一些互联网金融平台，一出问题就可能会引发系统性风险，这就需要政府推出相应的管制政策。

第二，掌握的信息。政府其实相对平台来讲，有一个信息的劣势，只能管一些原则性的东西，不能管制非常细节的东西，比如说电商平台的商品质量、真假。所以一些详细的审核不应该是政府去出台相应的规则，而是应交给拥有信息更多的平台去进行处理。

"要综合考虑平台的特征，综合考虑政府在目标和手段上的利弊，来把它的权利、责任进行划分。"

互联网平台责任规则和原则是静态的标准，互联网平台责任机制则是动态的责任实现模式。从全世界范围看，互联网平台经济的发展正处于"现在进行时"，世界各国的有关互联网平台责任机制也都在逐步完善中。在这种情况下，根据党的十八届五中全会关于"必须把发展基点放在创新上，形成促进创新的体制架构"的要求，从中国社会经济发展的实际出发，从建设网络强国战略的高度出发，应努力构建中国特色的"创新友好型"的互联网平台责任机制。

政府要勇于承担主导责任。政府必须和企业合作监管，在监管的过程中充分考虑到企业的实际情况和需求，不能仅仅为了便利监管就给企业增加过分的负担。政府有关机构应当主动建立有关互联网平台不良信息举报中心，构建全社会大数据平台，向互联网平台开放数据，本着服务于广大人民群众和新兴产业的角度，增加监管投入。行政监管机关在互联网平台风险预防和削减方面增加投入，既有利于发挥政府优势维护各方权益，也是对互联网创新产业的实际支持。行政监管机关切忌做甩手掌柜，将相关责任甩给企业和社会，否则将不利于互联网平台经济的创新发展。

虽然世界互联网发展已有50余年，中国互联网发展亦有20余年，但就人类历史看，其仍然属于新兴事物，而且就目前的发展趋势看，其未来发展壮大的速度也是无法预判的。作为人类未知的或者说还在探索的领域，如何规范其发展，促进其良性运行对于每个国家及管理者来说都是一件具有挑战性的事情，因此，从目前的经验出发，将多种手段相结合，明确事前责任与事后治理相综合无疑是一个较好的选择。

参考文献：

[1] 郑直. "避风港原则"的过度适用及对策［N］. 中国新闻出版广电报，2020-03-19.

[2] 李扬，陈铄. "通知删除"规则的再检讨［J］. 知识产权，2020（1）.

[3] 周汉华. 正确认识平台法律责任［N］. 学习时报，2019-08-07.

[4] 陈伟文. 平台治理的再思考.［EB/OL］.（2018-09-06）［2020-02-26］. https://baijiahao.baidu.com/s? id=1610849264175710052&wfr=spider&for=pc.

[5] 胡凌. 超越代码：从赛博空间到物理世界的控制/生产机制［J］. 华东政法大学学报，2018（1）.

［6］专家热议"科学合理界定平台责任"［EB/OL］.（2019－09－10）［2020－02－
26］. https：//baijiahao. baidu. com/s? id＝1644223665964537093&wfr＝spider&for＝pc.

［7］张效羽. 互联网平台需要什么样的责任机制［EB/OL］.（2016－02－18）
［2020－02－26］. http：//theory. people. com. cn/n1/2016/0218/c49154－28132746.
html.

四、社交媒体时代的传播与自律

对"洗稿"行为的辨析与思考

——《甘柴劣火》再引"洗稿"之辩

　　2019 年 1 月 12 日，微信公众号"呦呦鹿鸣"的一篇文章《甘柴劣火》刷屏朋友圈，不到半天时间即成为互联网上的"爆款"。该文讲述了尘封已久的甘肃政经往事，文章一开篇就有一句提示性的信息："本文所有信息，均来自国内官方认可、可信赖的信源，敬请诸君知悉。"一句话即交代了该文的信息源非独家采集，但全文并没有过多的标注。同日，"三言财经"一则消息在微信朋友圈传播——《刷屏文章〈甘柴劣火〉被质疑洗稿》，这个消息很短，直接呈现了财新记者王和岩对《甘柴劣火》一文进行质疑的微信截图，对《甘柴劣火》作者的专业操守进行了强烈指责。随后，"呦呦鹿鸣"微信公众号推出了一篇措辞尖锐的"反击性"文章《社会在崩塌——关于财新网记者攻击呦呦鹿鸣一事的说明》，列出《甘柴劣火》文章的信息来源。特别说明"本文是一种独家叙事，讲述的并非新闻，而是媒体与党政系统持续的冲突，这是呦呦鹿鸣的独家发现。财新网只是其中的一部分，其报道本身也是公共行为，呦呦鹿鸣将媒体作为报道主体，理所当然"。由此可见，"呦呦鹿鸣"并不认为自己的稿件属于"抄袭"，其认为其稿件中所用的信息都属于"事实"，属于"公共行为"，谁都可以拿来为自己所用。此事件再次引发学界与业界对于"洗稿"这一概念的争论。

一、对"洗稿"行为的认识

　　"洗稿"在法律上并没有一个公认的定义，目前认为的"洗稿"，主要是指在原作品主题思想、构思、要点、结论等内容的基础上，对其表达方式、措辞、语序等形式进行修改、调整、重新编辑，甚至加入自己的评论，使新文章相比原文章更加出彩，但是在新文章中不注明或者模糊文献来源的行为。根据该行为的特征，"洗稿"行为可分成两类：一是进行同义词替换、稍做改动或省略某些词句等，其主要特征是在不形成独创性表达的前提下的更改和调整；二是在原有思想、构思、论点、基本内容等的基础之上，进行重新编辑、调整和创造，即具备一定的独创性。因此，就"洗稿"后的表达方式而言，其可能不具备独创性，也可能具备著作权法意义上作品的某些特征。

对于第一种类型，其性质实际上比较好辨别，通过比较相关词句，进行量化统计即可确认其是否属于"洗稿"行为，但是对于第二种类型的"洗稿"争议比较大。

魏永征认为："别人是调查性新闻，他再来一篇调查性新闻。别人是经过辛辛苦苦的甚至冒着风险的调查写出来的，他没有调查，而是将别人的调查内容改头换面再写一遍，至多添上一些原文本身就蕴含着的、人所皆有的感想，就变成他的了。这是激起业界公愤的根本原因。"当然，也有一些人支持"洗稿"，特别是在新闻界与学术界的"洗稿"，其支持的主要立足点在著作权的公共性上，认为信息本来就是需要传播的，将原始稿件传播出去，增加了作者的知名度，帮助公众更广泛地接收到信息，何乐而不为呢？

就赞成与反对的理由看，其都是有一定道理的。但是，啃食他人劳动成果，"洗"为己有明显有违于伦理道德，在很多情况下，也是不被法律所允许的。

二、"洗稿"行为与法律明文规定的相关概念的类比

(一)"洗稿"与复制

《著作权法》第10条第（5）项规定："复制权，即以印刷、复印、拓印、录音、录像、翻录、翻拍等方式将作品制作一份或者多份的权利"。

狭义的复制，指以印刷、照相、复写、影印、录音、录像或其他行为做成与原作品同一形态的复制，如将文书加以手抄、印刷、照相，将绘画、雕刻加以摹拓，将录音带、录像带加以翻版录制，等等。

广义之复制，还包括对著作加以若干改变，即不是再制与原著作之形态完全相同之物，仅其旨趣具有同一性，如将草图、图样做成美术品与建筑物，对音乐作品进行录音，将小说改编成剧本、拍成电影，将本国文翻译成外国文，将雕刻制成绘画，将绘画制成风景明信片，将模型制成美术工艺品，等等。最广义之复制，还包

括无形复制在内，如将剧本予以上演，将乐谱进行演奏或播送，将讲稿进行演说或将讲义文稿进行朗读。

从定义上看，广义的复制有些类似于"洗稿"行为，但两者之间又有很大的不同，复制更加尊重原作品，对于原作品内容基本上是不加改变的，且其承认文献的来源，会与原作者沟通或者起码会标明出处。而"洗稿"会对原作品的表达做适度修改、调整和再创造，最主要的是，"洗稿"行为者对原作品的思想、构思、结论甚至表达等有抄袭的嫌疑，其会将原作者的名字抹去，以自己的名义进行发表。

（二）"洗稿"与演绎、改编

《著作权法》中对改编权的定义是改变作品，创作出具有独创性的新作品的权利。改编权可以自己行使，也可以允许他人行使。作品之所以要改编主要是为了适应不同传播手段的要求。《著作权法》中对于演绎作品也有相应的规定。演绎作品即根据另外一件之前已存在的作品所创作的作品。它的创造性在于对前已存在的作品进行改编，或在于将其译成其他语言等加入创新成分。

对演绎作品的保护不得损害原著的版权。演绎作品作者的著作权不是独立的，而是有限制的。划分演绎作品与原作的界线主要是就新作中保留原作情节或结构的量的多少进行判断。演绎作品中含有原作者的精神劳动，再创作人在行使自己的版权时要注意勿损害原作者的利益。

《著作权法》第 12 条规定了演绎作品行为人相关的权利与义务，第 47 条第（6）项也可以理解为对改编行为的限制，但其中"改编"的内涵并不完全相同：（1）改编权控制的是"改变作品，创作山具有独创性的新作品的权利"，未经权利人许可，进行改变，创作出了新的作品，属于该权利的控制范围，即控制他人对作品实施改编行为的权利，但是，怎么改变作品、做何种程度的改变，法律中并无明确的规定和清晰的认定，因此，改编权中改编的界限和界定在学界是备受争议的问题之一，而在实践中，其常常需要改编者与原作者协商解决。（2）演绎作品中的"改编"是经权利人许可，改编原作品形成作品的权利及其归属。（3）侵权行为当中的改编行为，根据《著作权法》第 47 条第 6 款的规定，即未经著作权人许可，以改编的方式使用他人作品的，属于侵犯著作权的行为，此处的改编行为并未规定侵犯何种著作权利，除了改编权以外，还可能侵犯其他种类著作权，但是，它们都面临着同样的问题，即改编的尺度的界定。简而言之，就"洗稿"行为与改编行为而言，改编是对原作品的使用，重点在于改编行为是经原权利人许可后进行再创作的行为，其体现的仍是原作品的独创性表达，而"洗稿"行为更多地忽视了原作者的权利，近乎是对原作品的抄袭。

（三）"洗稿"与歪曲、篡改他人作品的关系

《著作权法》第 47 条第（4）项将"歪曲、篡改他人作品"列为著作权侵权行为之一，是保护作品完整权所控制的行为。扭曲、篡改他人作品并没有改变作品的归属，作品的归属仍指向原权利人，即保护作品完整权所控制的行为是他人对作品的歪曲、篡改，进而造成权利人著作人格权受到侵犯的行为。而"洗稿"的不同之处在于，其对作品进行提取、更改或整合，改变了作品的署名并且不备注原作品来源，即作品的归属指向于洗稿人。"歪曲、篡改"后的文章署名依然是原作者，即使不用原作者的署名，也能让读者辨认出和原作者有"瓜葛"，此行为可能会损害原作者的声誉。"洗稿"行为者本身即希望文章与原作者不再有任何联系，但最终还需要读者判定原文与"洗"过的文章是否有联系，因此，"歪曲、篡改"文章与"洗稿"有可能重合的部分。

（四）"洗稿"与合理使用的关系

合理使用制度发端于英国"合理节略"，法官判定允许具有创新意义的使用，但没有定义合理使用的标准。1841 年美国 *Folsom v. Marsh* 案被认为是合理使用发展的一个里程碑，该案的判决结果被认为是美国关于合理使用制度的第一个全方位的表达，拥有一套完整的合理使用制度的理念，也奠定了美国著作权法的基础，并推动了各国相关立法的建设。其中，最核心的是美国法官 Joseph Story 提出的关于判断合理使用的四条经典标准，给合理使用制度以清晰的、划分界限的标准。其中包括：（1）根据目的和性质的判定，一般非营利性传播构成合理使用的可能性大；（2）现有著作权作品的性质，一般对已经出版的事实性记述作品的利用构成合理使用的可能性大；（3）相对于整个享有著作权的作品，一般被使用部分的数量越少、内容重复度越低，合理使用的可能性越大；（4）合理使用原则对享有版权作品的潜在市场或价值的影响，使用越"善意"构成合理使用的可能性越大。而在新媒体环境中，特别是自媒体的迅速发展导致合理使用原则的判定遇到了很多新的问题，这些都给予"洗稿"行为利用原则打擦边球的机会。这也是大多数的"洗稿"行为发生在媒体之间，最终仅止于舆论战的重要原因。

根据我国《著作权法》第 22 条："在下列情况下使用作品，可以不经著作权人许可，不向其支付报酬，但应当指明作者姓名、作品名称，并且不得侵犯著作权人依照本法享有的其他权利"。其中即包括第（4）项："报纸、期刊、广播电台、电

视台等媒体刊登或者播放其他报纸、期刊、广播电台、电视台等媒体已经发表的关于政治、经济、宗教问题的时事性文章,但作者声明不许刊登、播放的除外"。这一条款被认为是中国合理使用制度原则的相关条款,而正是因为这一条,很多"清洗"新闻稿件的自媒体会理所当然地认为它们是"合理使用"。

(五)"洗稿"行为与剽窃他人作品的关系

"洗稿"行为与剽窃他人作品行为的关系,是定性"洗稿"的重点,也就是说,"洗稿"是否就是我国《著作权法》第 47 条第 (5) 项规定的"剽窃他人作品"。这一著作权侵权行为,是需要分析的重点。而该问题背后,更为深层和基础的原因在于思想与表达二分法原则的适用和界定,具体而言,"洗稿"行为中"洗"的是表达还是思想,或者说经过洗稿之后形成的作品,抄袭的是原作品的思想还是表达,是定性"洗稿"行为是否属于剽窃他人作品的关键。故评判自媒体的"洗稿"是否属于剽窃,核心仍在于思想与表达二者界限的判定。

通俗理解,《著作权法》只保护表达不保护思想,换句话说就是,"只保护装酒的瓶子,而不保护里面的酒"。作为独创性的重要判断依据,思想与表达二分法对于社会公众对知识的利用,推动人类的文明进步曾起到了积极的作用。但是,随着著作权侵权纠纷的复杂程度越来越高,思想与表达的分界越来越模糊,司法实践中对于独创性的判断也越来越"苛刻"。

曾经,在英美法系中,"额头出汗"的原则被认为是判断原创性的主要标准。但在后来的 *Feist Publications. v. Rural Telephone Service Co.* 案中,法院提出的"独立创作"与"最低限度创作性"原则明显不仅仅要求著作权主体"额头出汗"这么简单。根据我国《著作权法实施条例》第 2 条中关于《著作权法》中作品的定义可知,法律所谓的作品应包括独创性与可复制性两个重要特征,至于独创的评判标准以及如何量级主要还是依靠法官的主观测评。因此,这也常常成为"洗稿"仅停留于舆论层面的争论,而无法上升至法律高度的重要原因。

三、"洗稿"行为在道德伦理上的判别

"洗稿"行为引来众多争议的最主要原因可归咎于著作权的利益平衡问题。2019 年 6 月,在由中国新闻史学会媒介法规与伦理研究委员会在广州主办的"反思与重构:智能传播时代的媒介法规与伦理"学术年会上,我国首个由学者制定的、旨在规范自媒体用户传播行为的《自媒体用户信息传播伦理规范》发布。《规范》

全文包括前言和十二大条，涵盖负责地发布内容、关怀悲剧相关者、树立著作权意识等内容。其中专门提出："严禁剽窃、抄袭他人作品。采用同义词更换、语序转换、段落变换等手法对他人作品进行洗稿，是严重的不端行为。"虽然该《规范》只是一个倡议性的自律规范，并没有强制性，但已经说明学界与业界对"洗稿"行为的特别关注。

虽然无法完全从法律层面对"洗稿"行为进行判别与惩罚，但如果民众对"洗稿"行为产生足够的重视，并树立对该现象的批判意识，使之成为众矢之的，相信"洗稿"行为必将会逐渐减少。其实，就伦理道德角度判别"洗稿"行为的正当性可结合法律中的合理使用原则与社会平衡原则进行。

其一，思考该文字使用的目的。个人或团体运营的微信公众号、微博大多不直接从事营利性经营，它们主要通过吸引用户注意力，从而为其运营的平台带来潜在的网络广告利益，即媒介经济学所说的"买卖受众的二次注意力"。这就使得合理使用制度很难对其作品的使用目的和性质加以界定，而对在这些平台上传播的新闻就更加难以界定。

我国《著作权法实施条例》规定，时事新闻是指"通过报纸、期刊、广播电台、电视台等媒体报道的单纯事实消息"，而单纯的事实信息一般仅指事实本身，只包括事实要素，就现在的新闻报道来看，时事性文章不仅仅包含了时事信息，它们大多会夹带对事实的独创性表达，而独创性表达运用的主要方式之一即事实要素的选择和使用，两者的界限很难划定，特别是整合类的文章，将多个事实运用到一篇稿件中，将事实要素重新整合，就更难以界定其独创的性质。

新闻信息的主要特性在于客观、及时、全面地反映事件和信息，并在此基础上将信息内容置于不同的情境下进行自己的解读和分析。正因为此，新闻的客观真实与广泛传播被认为是其重要的价值所求，就像《社会在崩塌——关于财新网记者攻击呦呦鹿鸣一事的说明》一文陈述的：不能把新闻事实当成买卖和生意。但是，反过来，在数字技术迅速发展的现在，正因为有太多将新闻事实迅速转载、加工，快速获得利益的平台，使得传统媒体中真正花时间、花成本去做采集、做调查的工作者越来越少。"新闻不是生意"，但付出大于回报的信息采集，谁愿意去做？

因此，从道德角度规制"洗稿"行为，首先应就行为人的目的展开判定，如果其单纯认为新闻传达的信息是有用的或者希望更多的人了解信息，不加其他利益的考量，虽然其在稿件中加入了自己的想法，对"基础文章"进行了"再创造"，但此做法是对社会有利的，且"洗稿"者没有主观的故意恶意，那么，该"洗稿"行为的侵权性有待商榷。当然，关于"洗稿"者目的的辨别是有一定难度的，除非

"洗稿"者本身保留了主观上没有恶意的证据,否则,只能从其发出"已洗稿件"后是否得到了不当的利益,来辨别"洗稿"行为的性质。

其二,考虑原文章出版的时间。这主要是针对文章时效性的考量,作品本身拥有财产权,对于已经出版的作品来说,其著作权人大多已获得了相应的报酬,即使有损失,损失比例也相对较小。

随着时间的推移,很多原有稿件已经失去了其原有的价值或者已经完成了原有的使命,"洗稿"行为或许能给予旧稿新的活力,如此思考,实际上,"洗稿"行为给了已经"时过境迁"的稿件新的生命力,反而是一件好事,此时,再批判"洗稿"行为侵权似乎有一点儿"牵强",反而不利于信息的传播与公众的反思。

其三,这一条也属于司法实践在证实"洗稿"是否侵权时必须要做的,即确定被"洗"部分的多少,内容重复度的高低。目前很多公司及相关人士尝试了很多办法,对抄袭的稿件,特别是"洗"过的稿件进行分辨。最传统的辨认方式当然还是人工分辨,即不同的人进行主观对比,标出其认为属于相同或相似的地方。这个方法在目前看,应该还是属于最靠谱的方式,但其依然存在弊端。由于不同当事主体的思维方式、文化背景的不同,对于相似段落的判定也有可能出现差异,且此方法具有很强的主观性,因此,也有当事人会质疑其科学性。除此之外,很多相关机构也开始着手探索它们的认定机制。霍炬在起诉"差评"一案中,首先将"洗稿"这一行为带上了法庭。在这场诉讼中,霍炬及其律师将"差评"稿件分为 19 个信息块,其中 18 个信息块,被一一对应到了霍炬的原创稿件中。这种信息块比对方式,能够识别出那种转换字词、多文摘抄、颠倒次序、叙论杂糅等高级洗稿手段。出于对首创者的尊重,此法被很多人称为"霍炬识别法"。

2018 年 12 月 3 日开始,在微信公众平台新发表的内容,在微信手机端的投诉受理范围扩大至"抄袭/洗稿",平台将根据投诉情况进行综合判定和处理。

与此同时,微信官方邀请 100 位微信原创作者,成立了一个微信"洗稿"合议小组,由这 100 位作者人工判断是否"洗稿"。2018 年 12 月 11 日公众号"精英说"发表的文章《数万回不了家的"流水线"婴儿,从"天选之子"到被嫌弃的一生,有谁能为他们的生命负责?》被举报"洗稿"了"看客 insight"2018 年 11 月 28 日发表的文章《第一批被选为"超级人类"的小孩,后来怎样了》。12 月 14 日,经过100 人参与合议,微信共回收了 56 份判断结果,其中有超过 90% 的人认为原文"洗稿",最终"洗稿"内容被替换成原作者的内容并对外展示。目前该篇文章已经消失,且并没有造成太大的影响。

因为投诉的是"洗稿",而不是抄袭,所以在定性方面存在很大的争议,导致最后程序基本都会进入合议阶段。而合议实际上也是以人工评判为主，确实也带有很多的主观因素。

就目前实际情况看，很多人对"洗稿"问题还处于左右为难的境地，有业界人士认为，要反击"洗稿"，就要找到"洗稿"的命门。以小说类作品为例，"洗稿"者们虽然规避了逐字抄袭，但是最关键的特征却是他们掩饰不了的，那就是对他人作品独创性情节的抄袭。简单来说，以最为常见的对小说类作品的"洗稿"为例，这种"洗稿"可以对原著的台词、描写等具体表达进行同义替换，但很难摆脱对人物设置、人物关系以及具体情节逻辑发展的仿照。因此，对于小说类作品的"洗稿"，维权者可以从对于人物设置、人物关系以及具体情节的编排方面的对比、鉴定和举证中寻找维权的突破口。

但本文想强调的是，单纯纠结于一篇文章"洗稿"与否确实在一定程度上能够维护文学创作与作者的合法权益，但是，就文学创作行业整体的发展看，其实际作用并不大。文学创作与信息的传播本身有其自身的逻辑与优胜劣汰的机制，如果因为担心被人怀疑有"洗稿"嫌疑，就放弃了在"巨人"的肩膀上再创作，如果因为担心被人怀疑有"洗稿"嫌疑，就不再传播自己认为有用的信息，那么，整个社会的发展必然因为各种担心而受到阻碍。正如李琛所说："任何单一的'人与对象'的关系都不能用于解释权利，而必须在社会合意中理解权利与制度"。法律作为调整社会关系的底线，在某些情况下更应该尊重社会的一般规律，将自由判定的权利交给公众。

参考文献：

[1] 魏永征：关于洗稿 [EB/OL]. (2019-01-15) [2020-03-26]. http://opinion. caixin. com/2019-01-15/101370001. html.

[2] 柯有贵. 特别策划|"洗稿"之自媒体行为的定性 [EB/OL]. (2018-06-29) [2020-03-26]. https://www. sohu. com/a/238578262_221481.

[3] 国内首个自媒体传播伦理规范发布：不搞标题党、勿洗稿 [EB/OL]. (2019-06-22) [2020-03-26]. http://news. eastday. com/c/20190622/u1a14922799. html.

[4] 拆《甘柴劣火》读十余篇财新，一种洗稿鉴别机制初试 [EB/OL]. (2019-01-15) [2020-03-26]. https://www. sohu. com/a/289045913_100213435.

[5] 李杨. 改编权的保护范围与侵权认定问题：一种二元解释方法的适用性阐释 [J]. 比较法研究，2018 (1).

[6] 卢纯昕. 作品改编的合法性边界 [J]. 中国出版，2018 (1).

［7］华劼. 改编权权利范围及立法模式研究［J］. 南京大学学报，2017（6）.

［8］符诗. 改编权相关基础问题研究：以《著作权法（修订草案送审稿）》为视角［J］. 知与行，2017（5）.

［9］张玲玲，张传磊. 改编权相关问题及其侵权判定方法［J］. 知识产权，2015（8）.

［10］微信文章怎么判定抄袭洗稿？［EB/OL］.（2018-12-16）［2020-03-26］. http://www.qifuxian.com/post/456.html.

［11］袁博. 遏制"洗稿"需找到其"命门"［EB/OL］.（2019-05-16）［2020-03-26］. http://media.people.com.cn/n1/2019/0516/c40606-31088585.html.

［12］李琛. 著作权基本理论批判［M］. 北京：知识产权出版社，2013：3.

《"不寒而栗"的爱情》引发的伦理争议

2019 年 12 月 12 日，《南方周末》微信公众号推出的《"不寒而栗"的爱情：北大自杀女生的聊天记录》（下文简称《"不寒而栗"的爱情》）一文，报道了一起最终以悲剧告终的畸形爱情，此文一经刊发便引发舆论关注。报道将社会特定角落中光鲜的一面与黑暗的一面交错在一起的关系摆在了读者眼前。

此文记者柴会群通过一种令人触目惊心的写作方式将普通人难以想象的恋爱交往方式展现给了公众。很多读者对《南方周末》及记者的报道持赞扬的态度，认为"编辑部敢于让记者写这个题材，并且给予很多宽容，首先应该肯定的是编辑部的工作——很多人可能不知道光靠记者自己是不可能发出这篇稿件的"；但是，也有一些评论，例如知名杂志《三联生活周刊》推出的《有罪推定？——为什么我们不这么报道"不寒而栗"的新闻》一文将该文章比喻成一场抛弃伦理道德的指责狂欢，认为"一个公共媒体，不应该发这么一篇轻率的报道"。

12 月 14 日，《我是包丽的朋友，真相远比你知道的更可怕》一文再次将这一事件推向了舆论的风口浪尖，而这篇文章让人们进一步发现，《"不寒而栗"的爱情》报道中被猛烈抨击的、对当事人包丽肆意施暴的牟林翰，其形象实际在很大程度上有被"塑造"的成分，报道通过选择性地截取信息产生了严重的误导性。该报道原本的导向是想揭露隐匿在生活中的精神控制恶魔，却因为措辞和构思的设计，使得该文具有误导受众的嫌疑。

虽然微信平台在 24 小时内将"包丽事件"相关的文章与评论全部删除，但有关"包丽事件"的舆论已经开始发酵，某些极端的读者认为，如果有人随手转发了该报道，那么他就是"新闻伦理的毁灭者"，还是"支持家暴的伪君子"。如此声嘶力竭、歇斯底里的诘难，没有为受害者讨回任何的公道，更没有为这起事件应当产生的公共反思产生任何有意义的影响。而在新闻业界与学界，对于该事件的讨论逐渐由事件本身转化成对于新闻报道中新闻伦理道德的争论，包括了对时下兴盛的非虚构写作的认识，也包括了对"平衡报道"等相关词语的进一步讨论，最终的落脚点变成了对新闻报道中记者职业道德的考量。

一、新闻报道非虚构写作形式的真实性问题

在《“不寒而栗”的爱情》中，有一些情节的描写因为还原了两位当事人交往时的情境而被认为是"非虚构写作"方式的运用。由此引发的非虚构写作的真实性问题成为争议的焦点之一。

非虚构写作(non-fiction writing)兴起于 20 世纪 60 年代的美国，是非虚构小说和新新闻主义融合而成的产物。首先，社会中现实发生的事件由于常常超出了作家的想象，因此成为很好的小说的素材；其次，各个领域都在尝试颠覆传统，新闻界用强调叙事的新新闻主义做出了回应。在这些因素的影响下，非虚构写作登上了历史舞台。

1966 年美国记者杜鲁门·卡波特根据凶杀案、历时 6 年调查完成的作品《冷血》，是公认的非虚构文学的发端。相比强调客观、中立的新闻报道，非虚构写作并不拒绝文学性，它反而常常借鉴文学式心理描写、对话和讲故事的策略来增加非虚构作品的可读性，使得作品更加吸引读者阅读。但因为其中文学情节的设置，使得一些持新闻要客观态度的人常常对加入非虚构写作方式的新闻报道产生质疑。

在《“不寒而栗”的爱情》这篇报道中，作者写"包丽真的后悔了""对自己的迷失似乎也感觉不解"等句子被很多诟病这篇报道的人认为是运用了非虚构写作的方式。"这些话即使有聊天记录做支撑（但也没有交代这些心理活动的来源），作者也没法替代一个死人讲出自己的心理活动。"从很多质疑的声音来看，在重视真相的当下，一部分读者对这种文学式的新闻并不买账。而非虚构写作形式是否能够逼近真实也成为业界与学界讨论的重点。

有业界人士认为："写作者之所以使用文学手法，恰恰是因为想要更加接近真实。深度报道大多围绕人物和故事展开，而人作为最复杂的动物，其行事中充满了暧昧不明的动机，很多时候被偶然、非逻辑的因素左右，深度报道受篇幅和写作方法限制，往往只会给出粗线条的叙述，不足以让读者准确理解人物和故事。"也有学者认为，商业主义已经成为非虚构写作的主导逻辑，但其只要保留着对新闻价值底线的基本敬畏，关注当下社会的现实，不变现也有它的价值。但是，也有学者担

心："新闻业作为民主制度有机构成体和社会公器自觉服务公众的核心价值与功能，对'在当前这个中国社会变革和以新信息技术重塑公共生活的拐点，新闻专业主义仍在继续释放其激励和开拓的力量'缺乏正确的认知。简单地将新闻业危机转化约为商业危机，进而将危机框架转变为创业框架将会屏蔽新闻业作为一门专业和共性话语发展的多重路径。"

对于新闻业界不断地探索新的报道方式本应该持有鼓励的态度，毕竟就目前的形势看，传统的新闻报道方式已无法完全吸引受众的眼球，探索创新对于新闻业发展来说是必经之路，但如何发展、新闻专业主义的底线在哪里，成为每一个具有新闻理想与职业道德的新闻专业人士不得不思考与面对的问题。

如方可成在"新闻实验室"中对于《"不寒而栗"的爱情》一文的评价一样，如果不考虑非当事人难以界定的"模糊重点"的问题，单纯从侧重点的角度考虑，我们不应认为柴记者的本意是想抱着黄色新闻的态度用低俗的语言，故事化一起可能涉及犯罪的严肃事件。"很多时候，评价一篇报道的操作时，最重要的不是搬出那些美好而正义的大词，而是仔细想一想：还原到记者操作这篇稿件的现实情境中，有哪些地方是的确可以提升的？"

在讲述新闻事件的时候，努力迎合公共舆论，远不如使用基于事实、清晰简洁、有良知而负责任的语言要更加重要。以至于在社交平台上被大范围地指责立场有问题，相比于想要讲述这样一件事情的严重性和必要性而言，诚然是次要的。

柴记者在撰写稿件的过程中，其实尝试过联系文中的施暴者牟林翰，也通过描述他在电话中对于事件的否认阐述了他的观点，而关于文中的另一焦点——牟是否曾经威胁自杀的问题，可以清楚地读到是牟本人拒绝对此回答。

报道中的当事人牟林翰至今为止，并未否认过《"不寒而栗"的爱情》与《我是包丽的朋友，真相远比你知道的更可怕》中聊天记录内容的真实性。无论从什么角度分析，其对包丽所实施的言语暴力都是不可被接受的。包丽在他的眼中并非自己的爱人，只是一个任由摆布的玩具，一个可以肆意支配虐待的发泄品。牟会将自己生活中一切的不顺心归咎于这个受他精神控制已经失去自主决定能力的女友，通过对其言语和肢体上的折磨来满足自己的欲望。

二、平衡报道不等于平均报道

新闻业传统的专业操作要求，在时间、条件允许的情况下，尽可能访问不同立场的当事主体以保证报道的平衡。记者在采访中应尽量做到对每一个采访源做审慎的评估，以尽量保证信息的真实可靠，并对消息来源提供的内容进行查证核实，在报道中标明出处，起码应记录出处，时刻保持谨慎与怀疑的态度。

但在某些情况下，一家媒体的一篇报道也许很难采访到事件所有的当事人，无法完整呈现事实的真相，此时苛刻地要求记者完整呈现是不大可能的。因此，就某些重大的、还在持续发展的事件，记者不一定非要一次性地将报道全部呈现出来，这期间可能需要一系列的追踪报道，甚至依靠与其他不同媒体互通有无，循环接力，最终将整个事件的真相公之于众。

当然，即使采访不到当事人，记者也可以通过其他方式来追踪信息的真假，例如通过联系牟林翰与包丽共同的好友、师长等等，毕竟每个当事人都会有自己的生活圈。媒体可以通过深度调查挖掘事实的不同侧面，最终为整个舆论的平衡尽一己之力，此不失为对于某个事件的贡献。

因此，在新闻传播中，特别是对于重大事件的报道并不存在整齐划一的平衡，事物是在不断运动和发展的，平衡是相对的和动态的，在新闻实践中强调平衡的原则，出发点并非强作平衡。新闻报道中的平衡应该更强调的是理性的平衡、努力接近真相的平衡，也就是在公平的程序、规范的采访中，对事件的不同当事人及议题的不同立场做出衡量与比较，最终的目的是为受众呈现真相。在某些无法在道德层面辨清是非的情况下，报道最终达到帮助受众距离真相更近一步的目标即足矣。

三、报道中反映出的新闻专业人士的新闻道德问题

受众对于新闻报道或者某些新闻专业人士最"狠"的评价应该是：这篇报道或者这个记者真没职业道德！但是对于"新闻道德"这个大而泛的概念，有多少人能说清楚其究竟是什么？我们应当在什么时候重视新闻道德？

美国知名记者协会 SPJ 在其《职业规范》中提到了许多其对于成员作品的要求。其中，既包括"对工作的准确性负责，在发布信息之前进行验证，尽可能使用原始资源"这些原则性要求，也包括"在宣传、预览或总结一个故事时，要特别注意不要歪曲或过于简化"这样必要的警示。但是，对于新闻的事实，其需要记者树立的是相互尊重的意识。当性别歧视、精神折磨和针对女性的暴力等违反基本道德要求的事实性问题出现时，就算是用着最强烈的语言也并不应当被认为不合理，因为作为媒体，在这类事实上的纵容，是对管理机制和道德准则的倾覆，也将会带来比保护新闻道德要严峻无数倍的社会雪崩。

那么，面对可能带来的舆论的哗然与社会信任的塌方，专业人士如何守卫他们

的新闻道德呢?

随着互联网与移动技术的迅速发展,传播的渠道已经从一元走向多元,传统媒体的地位也已经从受众单一的信息来源下降到受众主要的信息来源甚至降为受众信息接收的次要来源;传统媒体在时效性、信息量、互动性与自主性等方面包括新闻采集的技巧都已呈现出明显的不足。时代给媒体带来了前所未有的挑战,调整自身不足,应对时代要求已成为各大媒体不得不转型的方向。但是,对于所有媒体,大的原则,即新闻记者、新闻媒体多年实践过程中形成的基本的职业道德,是不会因为环境的改变而发生变化的。

(一) 把握原则,适应多元的舆论环境

随着自媒体的发展,媒体建立的门槛越来越低,信息传递的途径越来越广,从而导致越来越多的虚假新闻进入受众视野,它们混淆着受众真实的视听。一些媒体为吸引受众眼球不择手段,放松了对新闻工作规范的要求,出现虚假新闻大行其道的现象;一部分人因为受到社会利益的诱惑,在接受和判断新闻事件及其社会效应的尺度上发生了偏离,他们热衷于小道消息,或者说负面新闻,甚至认为这些信息才是真实的,为虚假新闻的出现提供了温床。

美国心理学家罗伊·鲍梅斯特和约翰·卡乔波所做的实验证明,人的大脑有"负面偏好机制",消极的信息、体验比积极的信息、体验有更深刻的影响。即比起好消息,坏消息对人情绪的影响更大,更容易"深入人心",很多媒体即抓住了这一点,从而试图制造更多的负面信息,以引起更多人的关注。

在如此复杂的环境下,信息的真实显得更难能可贵,正如理查德·伯顿所说:"真相是散落成无数碎片的镜子,每个人都以为自己看到的一小片是完整的真相。"但是,作为记者,作为拥有专业修养的人,其工作的基本原则即为"发现真相",而这也是新闻本质属性的要求。面对复杂的环境,虽然很难做到将整个事件完整地真实呈现,但是追求新闻真相的目标应该是每个专业新闻人应该拥有的基本职业操守。

有人可能认为在后真相时代,真相是飘忽不定、模棱两可的概念。所有的真相只是被选择好的真相,所有的真相只是被决定好的真相,应当遵循多数人的抉择,这样至少可以少犯错。但是,记者需要时刻明白,在这个世界上是存在真相,也存在谎言的。坚持寻找真相的职业理念是不能改变的。当然,在这个后真相时代,我们不仅需要能够把握真相的人,更需要准确的策略,帮助我们更好地接近真相。

（二）适应市场规律，相信真金不怕火炼

客观来看，新传播格局下媒体间的竞争日益激烈，记者编辑在发行量、收听收视率的重压下，为迎合市场，出现浮躁倾向实属正常。为了生存及盈利，有些媒体片面实施企业化运营，对新闻采编等一线人员采用聘用制、绩效制，使新闻专业人员疲于"挣工分"，甚至自嘲为"新闻民工"，社会地位降低。而新闻的"产品化生产"，只求数量，少求质量，让媒体和采编人员对于某个特定事件无法深入、扎实地推进。相当程度上出现企业家办报、办台取代政治家办报、办台的趋势，新闻传播行为在某些方面趋同于企业市场行为。

受这些客观环境的影响，加之主观原因，一些新闻采编人员的自我约束、责任奉献意识淡薄，追求名利、贪图享受意识抬头，对新闻队伍的建设产生了消极影响。更有个别人员滥用新闻采访权，在有偿新闻、新闻敲诈、虚假报道之外，另外有曲线的利益输送之类违反新闻职业道德的行为。

新传播格局下，媒体改革进取，运用现代企业化思维进行经营管理，实施新的管理理念，诸如在人力资源、绩效考核、市场营销等管理措施方面的改革无可厚非。但作为引导社会意识形态的重要工具，如何在宣传党的方针政策上积极作为，如何在关注民生、做好党和群众沟通的桥梁上勠力前行，如何在推动经济发展社会进步的进程中体现正能量、唱响主旋律、打好主动仗，这些应该是每个媒体人及媒体管理者需要考虑的问题，也正是在新形势的挑战下，更需要保证新闻传播的文化价值、文化责任，把握新闻职业道德。

（三）用事实证明一切，从失范新闻中夺回受众信任

在互联网时代，多年来新闻界一直反对的有偿新闻、虚假新闻、低俗新闻和不良广告这些有违新闻道德的现象有所遏制，但并未销声匿迹甚至出现了新的变异，比如，新的传播手段、新的媒体格局下出现了新的"四大公害"，即：渲染过度、立场错误导致的暴力新闻；报网串通、以讹传讹造成的恶化新闻；不采访不核实、网来网去的剽窃新闻；损害被采访者权益的侵权新闻。这些现象与媒体发展盲目、新闻业务方向混乱、责任和道义观念丧失交叉感染，相互恶性影响有关，对我们在新形势下新闻道德的建设提出了新挑战。

但是，对于新闻业，我们应该始终相信"事实胜于雄辩"，报道"虚假""有偿"新闻的媒体终将被受众所认识与抛弃，传递真相、报道事实的媒体最终会沉淀下来，为受众所接受。而要成为被受众认可的媒体即需要媒体中的每个从业者都将

新闻道德规范内化为工作的本能。新闻道德的要求应该是新闻传播业的铁律，但铁律的生效和实施，关键在于成为每一位新闻从业者、每一家媒体的价值共识。对新闻管理者来说，即需要对有职业理想、坚守职业道德的新闻工作者给予适时的鼓励，帮助时代更快地完成大浪淘沙的工作，按照习近平总书记的要求，把围绕中心、服务大局作为基本职责，胸怀大局、把握大势、着眼大事，找准工作切入点和着力点。

（四）自律与他律相结合，用行业职业道德坚守社会意识形态

从新闻学的角度看，新闻道德是新闻传播价值的基础。真实是新闻的生命，是新闻道德的核心理念，是人民群众对新闻传播事业的认同和要求。

我国新闻界有着良好的传统，"铁肩担道义，妙手著文章"一直是我国专业新闻人坚守的信念。随着时代的发展，新闻道德的内涵和外延均在不断地丰富、充实、调整。在新的时代，我们应依照中国特色社会主义核心价值观的要求，指导新闻道德建设，使新闻道德更加准确、鲜明、丰富，表达概括上更加有力，更容易为人们所接受，并付诸实践。

就新闻道德的影响范畴而言，其实它可以预示一种文化，一种环境，一种境界。在互联网时代，对新闻道德的传播不能仅仅停留在行业范围内，单搞体内循环。应该多角度、长时期地向社会传播，以此提高整个社会的媒介素养，净化社会风气，同时也为更加有效地监督新闻传播，为他律创造社会条件。

他律不能仅仅依靠社会的自发行为，还要有组织行为。某些地方成立新闻道德委员会，就是展开有效社会监督组织建设的最佳方式。如何让这个组织充分发挥社会代表性及各项专业的广泛性，打造他律的有效平台，是媒体及其从业者需要不断深入研究和推进的一项重要工作。

总之，在新形势下，新闻职业道德的多元化已经成为一个趋势，但是，无论其再如何多元，基本原则是不能改变的。社会是不会允许有违新闻道德的新闻扰乱人心、扰乱社会、扰乱国家的。要守住新闻职业道德，即需要跟上时代的步伐，具备前瞻性的眼光，加强研究实施新形势下媒体及队伍建设管理的新办法、新举措，强化分析新闻道德问题的成因与对策，研究媒体自律与他律的复合机制，优化监督方面行之有效的措施，特别是如何加强学习、健全修养方面的措施，在构建新闻道德价值共识上下功夫。

参考文献：

[1] 如何看待南方周末所发文章《"不寒而栗"的爱情：北大自杀女生的聊天

记录》［EB/OL］.（2019－12－12）［2020－04－26］. https：//www. zhihu. com/
question/360580124.

［2］有罪推定？：为什么我们不这么报道"不寒而栗"的新闻［EB/OL］.
（2019－12－12）［2020－04－26］. http：//finance. sina. com. cn/wm/2019－12－12/
doc-iihnzahi7137552. shtml.

［3］不寒而栗的，何止爱情？［EB/OL］.（2019－12－14）［2020－03－26］. ht-
tps：//www. jianshu. com/p/99aaf2e7c761.

［4］田香凝，刘沫潇. 新媒体时代非虚构写作的现状、问题与未来［J］. 编辑
之友，2019（8）.

［5］杜强. 非虚构写作中的"真实性"问题［J］. 新闻与写作，2019（11）.

［6］杨利娟. 商业逻辑下的非虚构写作：以《太平洋大逃杀亲历者自述》为例
［J］. 青年记者，2019（27）.

［7］杨利娟. 新闻业危机的商业主义救赎：以非虚构写作平台"真实故事计划"
的创业实践为例［J］. 现代传播（中国传媒大学学报），2019（7）.

［8］方可成.《"不寒而栗"的爱情》是一篇有问题的报道吗？［EB/OL］.（2019－
12－13）［2020－02－26］. https：//tech. sina. com. cn/roll/2019－12－13/doc-iihnza-
hi7264563. shtml.

［9］宋超. 努力构建新闻道德价值共识：新传播格局下新闻道德建设的新思考
［J］. 新闻记者，2014（3）.

［10］季为民. 新闻道德、新闻伦理相关概念的溯源与解析［J］. 新闻与传播
研究，2017（12）.

从自救到发展需要：行业自律行为的有效性分析
——腾讯视频、爱奇艺、优酷三家视频网站联合六家影视公司发布行业自律倡议

2019 年 10 月 21 日，优酷、腾讯视频、爱奇艺三家视频网站以及正午阳光、华策影视、柠萌影业、慈文传媒、耀客传媒、新丽传媒等六家影视制作公司通过微博联合发布《关于加强行业自律，促进影视行业健康发展的联合倡议》（以下简称《倡议》）。《倡议》中提出了 6 项倡导内容及 1 项违反限制的相关规定。

该倡议其实已经是这九家公司为了促进影视行业健康发展的第二次携手自律行为了了。此前，在 2018 年 8 月，为了抵制行业不正之风，爱奇艺、优酷、腾讯视频三家视频网站联合正午阳光、华策影视、柠萌影业、慈文传媒、耀客传媒、新丽传媒六大影视制作公司已经发出了《关于抑制不合理片酬，抵制行业不正之风的联合声明》（以下简称《声明》），以抵制天价片酬、"阴阳合同"、偷逃税等影视行业乱象。在《声明》中，三家视频网站和六大影视制作公司声明，其采购或制作的所有影视剧，单个演员的单集片酬（含税）不得超过 100 万元，其总片酬（含税）最高不得超过 5 000 万元。此《声明》被认为是行业的自救行为，目的在于挽转影视行业之前崇尚明星效应，拜金奢华之风盛行的负面影响。

以行业自律之名，连发"两枪"，此举意味着什么？行业自律是否真的能够扭转一个行业的负面影响？

一、九公司《倡议》的内容分析

《倡议》篇幅短小精悍，但仔细研究其中的内容，其对于影视行业大局的把握，特别是对近两年来影视行业出现的各种负面声音的认识，还是比较清晰与全面的。

（一）对制作层的倡议：价值导向，守正创新，厉行节约

在影视内容制作层面，九家倡议方从价值导向、创新方向以及制作成本把控三方面提出了要求，即：倡导价值引领，确保政治导向；倡导守正创新，勇攀创作高峰；倡导勤俭节约，抵制"浪费"之风。

《倡议》中对于电影作品价值导向的最终落脚点依然是创作更多符合社会主义核心价值观、让人民喜闻乐见的作品，可见，其基本定位仍然是紧贴中央层面的要求，特别是紧贴《倡议》中提到的 2019 年 5 月，中央全面深化改革委员会审议通过的《关于深化影视业综合改革促进我国影视业健康发展的意见》的要求。而首次倡导勤俭节约的目的在于，健全厉行节约、反对浪费的工作长效机制。就实际看，影视剧制作的成本控制不仅仅是抵制天价片酬，还需从方方面面进行节流。而从政治方面分析，"厉行节约"与"符合社会主义核心价值观"是一脉相承的。就目前影视剧行业的实际情况看，很多初入影视圈的演员以及还在梦想进入影视圈的演员对影视圈塑造的明星及制作人都存在一种刻板印象，即财大气粗，只要出名即可颐指气使、挥金如土……而这些印象都使得影视圈给大众留下了只要出名即可挣得盆满钵满的印象，这与我国文化艺术建设的初衷是背道而驰的。

2015 年，习近平在文艺工作座谈会上的讲话中专门提出："文艺是时代前进的号角，最能代表一个时代的风貌，最能引领一个时代的风气。"而作为文化艺术重要组成部分的影视剧行业，给大众以名利场的印象必然不符合时代赋予其的使命。

值得注意的是，在内容创新方面，《倡议》强调要围绕重大时间节点，在重大历史题材、重大革命题材、重大现实题材三个创作方向上凝神聚力，这反映了影视行业要求影视作品回归作品本身的呼声，也是影视作品在引导社会意识形态上的本质要求。

从 2018 年取得舆论好评的影视剧作品看，大多数作品还是符合社会主义核心价值观，具有引导社会正能量的作用的。从获得白玉兰奖的《大江大河》到 2019 年票房屡创新高的《我和我的祖国》《中国机长》，这些作品都是在改革开放 40 周年、新中国成立 70 周年等特殊历史节点的背景下推出的作品，从剧作本身的质量到作品口碑、舆论反响来看，都可以认为其属于反映重大题材的很好的影视剧佳作。

未来几年既是重大题材作品面世的爆发期，同时也是相关内容创作的储备期。未来，我国将迎来建党 100 周年等具有巨大纪念意义的时刻，而与其相呼应的主题作品是必不可少的，这一现实需求与《倡议》中"守正创新"的思路不谋而合。

（二）对管理层的倡议：建立机制，严惩贪腐

在影视行业具体的管理上，九家公司联合倡议提出三点：倡导"德艺双馨"，反对虚荣攀比；倡导廉洁从业，纠治"贪腐"乱象；倡导诚实守信，规范经营行为。同时，《倡议》首次明确规定，任何违反上述倡议内容的机构、个人，经核实确认后，九家倡议方将一致行动，视其影响采取包括一定期限内暂停合作等相关措施予以警示。

随着粉丝经济的兴起，明星的流量效应被极端放大。在影视剧行业，IP＋流量明星也一度被视为赚钱标配。不管剧集本身质量如何，只要IP够好、明星人气够高，总会有粉丝买单。

在此趋势下，一些想走捷径的制作方偏离了影视制作中内容质量为主的重心，忽视剧本、拍摄、后期等其他制作环节，单单选择去押宝人气明星，从而带来了明星哄抬身价、片酬水涨船高的现象。明星出演电视剧，动辄上千万甚至上亿元的片酬，一方面压缩了制作端其他环节的费用，出现很多大明星云集而美术、后期特效、剧情注水的所谓的流量剧，另一方面让行业下游采购成本激增，给电视台、视频平台带来极大的债务负担。

影视剧行业以虚假的繁荣驶出一段距离后，症结暴露无遗。2018年，天价片酬、"阴阳合同"、偷逃税款等问题集中爆发，监管部门出台多项管理政策来遏制流量明星片酬畸高对产业发展带来的负面影响。身处行业之中的视频网络平台与影视公司为谋求行业健康发展，也发布联合声明进行自救。

近年，行业内已有因贪腐问题而身陷囹圄的先例。此次倡议从顶层设计上狠抓贪腐，九大倡议方协同建立贪腐黑名单机制，明确规定任何人不得利用职务便利索要、收受、提供、输送任何利益，一经核实停止一切合作并将依法追究责任。

这是影视行业首次对贪腐问题公开联合表明态度以及制定惩戒机制，针对从业人员贪腐、企业失信失德等行业乱象，以法律手段进行维权，再次给影视行业从业人员敲响了自律的警钟。这是针对影视行业从业人员自上而下的约束管理，也是投资方、制片方对于自身合法权益宣布"主权"的外在表现。

（三）对经纪层的倡议：权责分明，直戳痛点

腾讯、爱奇艺、优酷三家于2018年4月发起的《关于规范影视秩序及净化行业风气的倡议》（以下简称"三家联合倡议"）中涉及经纪行业这一分支，着力对演职人员的待遇、权益进一步公开细化，加强对演职人员的规范化管理，助力构建影

视行业良好的创作生态。从某种程度而言，这是优酷、爱奇艺、腾讯首次联手面向经纪行业的正面出击。

三家联合倡议强调坚决抵制天价片酬，并在这一背景下，对具体片酬管理进一步进行了说明，即各投资方与制片方，在不违背相关政策和意见的条件下，可独立根据现实因素，对演员片酬做阶段性、个案性的适度浮动。

值得注意的是，两份倡议内容有一条重合，即都倡导"德艺双馨"，反对虚荣攀比。在优酷、爱奇艺、腾讯三家的联合倡议中将演员"德艺双馨"这一概念具象化，对演职人员的随行阵容进行了量化。一般情况下，随行人员至多3人，且超出的随行人员不得出现在现场。也就是说，要从源头上规避1名演职人员带数十名工作人员出行等"耍大牌"的现象，避免造成人力资源的浪费，也一定程度上缩减演职人员的随行成本。

近年来，影视行业出现了不少与明星带过多随行人员进组相关的负面案例，演员撕番、演员各自带编剧进组、演员打包带新人进组等新闻更是屡见不鲜，而这些公开在大众面前的消息只是行业现状的冰山一角。

此前所述的九家倡议方以倡议书为载体，针对行业乱象，在演员片酬、权责、随行规模等层面都进行了明确说明，但其间利益盘根错节，演员带资进组更是常态化，演职人员的话语权大小以及权力边界难定，要做到真正的正本清源也还需时日。

二、行业自律行为的有效性分析

行业自律行为，顾名思义，即自己约束自己的行为。行业自律本身具有两方面的内容：其一即在行业内对国家法律、法规政策的遵守与贯彻执行；其二即在没有相关法律法规的情况下，执行行业内的行规以此来制约本行业的行为。其中每一个方面都包含了对行业内成员的监督和保护的机能。

行业自律行为本质上是行业内部的自利性行为，因此在认识到自律行为的正当性的同时也不能偏执一端，其必须遵循国家与政策的指导、市场的规律并得到民众的认可。

（一）遵循市场规律

经济学中的有限理性认为人的行为"是有意识的理性，但这种理性又是有限的"。环境的复杂导致在面临不确定的世界时，交易越多，不确定性就越大，信息也就越不完全。由于人对环境的计算能力和认识能力是有限的，因此，人们寻求的往往并非"最优"标准，而只是"满意"标准。正是由于市场主体的有限理性，公共资源需要政府和行业协同；正是由于主管者的有限理性，政府需要市场和行业的协助监督；也正是由于行业成员的有限理性，行业需要政府的督导与市场的指引。有限理性理论为三者之间形成良性互动提供了理论基础。

在行业内，无论是公权还是私权的介入，都需要考虑市场规律、政府政策与行业需要，行业自律协议也不例外。市场如果能够有效运行，促进行业的发展，那么政府与行业管理者自然不必过多地介入。但是，当市场无法应对各种人为干扰，特别是在文化艺术领域，以及类似的引导公众意识形态的行业，那么政府根据不同时期对于市场的不同需要对行业成员的权力进行微调是十分必要的，而行业本身也应顺应市场的发展规律，就自身良性的运转进行微调，这种行为是符合市场规律的。只要行为的目的是确保行业的良性运转，确保行业对于社会的有益价值，那么无论是哪个主体做出的行为都应该是正当的。

（二）政府的规制

行业行为常常是站在本行业发展的角度考虑的，常带有自利性质。此时的行业自律协议有一种社会契约论的意味，即在自由市场经济中，各企业为使盈利最大化而恶性地竞争以至互相"残杀"。为了防止无限竞争及互相损害，各市场主体必须联合以集体的力量克服阻力和障碍，这种联合通过成员契约达成。而与此相对应的是社会公约，即政府可以支配各个成员的绝对权力。自律行为中可能会存在为自我利益而侵害社会利益的可能性，这时，国家即应当在尊重行业自治行为的基础上给予纠正。因此，在具有相关政策条款的情况下，行业只有遵循相应的政策，保证大众的利益，行业自律的行为才可能更好地落地。

就2019年10月九家公司联合发布的《倡议》来看，其就属于顺应了国家政策的自救行为。因为在《倡议》发布前不久，中共中央宣传部、文化和旅游部、国家税务总局、国家广播电视总局、国家电影局等联合印发通知，要求加强对当下影视行业存在的如天价片酬、"阴阳合同"、偷逃税、不遵守合约等诸多乱象问题的治理，推进依法纳税，促进影视行业健康发展。而该通知的印发背景正是多年来影视行业乱象的曝光。在中国影视文化产业正处于做大、做强的关键时期，九家公司顺势而上，呼吁行业内各大制作公司与传播平台共同携手营造良好的影视文化创作氛围，与其说是自律，不如说是自救，用自我的约束避免更大的来自社会与政府的约束，从而保护行业内部的自我发展，尽力维护行业内部的自由度，于行业自身及整个社会都是有益的。

（三）社会道德的界限

行业自律行为具有双重性。当倡议或声明以公共管理为目的出现时，行为的界限应当是"法无规定皆禁止"，尤其应警惕以行业自律协议之名行不当干预或权力寻租之实；而当倡议或声明以行政相对人的身份出现时，行为的界限应当是"法无禁止皆可为"，即倡议与声明不应当因为某些权力或职位较高的人的意愿而否定其他相对人的利益。因此，行业自律行为首先应确保其在法律框架内的正当权益；其次，当法律没有相应规定时，在道德伦理调整的范围内，应该保证大多数人的利益，毕竟，社会道德是有其基本准则与引导方向的。

参考文献：

[1] 解读｜为什么说九家联名倡议打响了行业自律的第二枪？［EB/OL］.（2019-10-24）［2020-03-26］. https://www.sohu.com/a/348816727_523234.

[2] 程梦玲. 三大平台六大公司时隔一年再发行业自律声明，释放了什么信号？［EB/OL］.（2019-10-22）［2020-03-26］. https://107cine.com/stream/118018/.

[3] 刘中杰，符颖. 浅论行业协会自律行为［J］. 法制与社会，2010（10）.

图书在版编目（CIP）数据

新闻传播与媒介法治年度研究报告 . 2018—2019/
陈绚，王思文著. --北京：中国人民大学出版社，
2021.3
　中国人民大学研究报告系列
　ISBN 978-7-300-29100-0

　Ⅰ.①新… Ⅱ.①陈… ②五… Ⅲ.①新闻学-传播
学-法学-研究报告-中国- 2018 - 2019 Ⅳ.①D922.84

中国版本图书馆 CIP 数据核字（2021）第 037462 号

中国人民大学研究报告系列

新闻传播与媒介法治年度研究报告 2018—2019

陈 绚 王思文 著

Xinwen Chuanbo yu Meijie Fazhi Niandu Yanjiu Baogao 2018 – 2019

出版发行	中国人民大学出版社	
社　址	北京中关村大街 31 号	**邮政编码**　100080
电　话	010 - 62511242（总编室）	010 - 62511770（质管部）
	010 - 82501766（邮购部）	010 - 62514148（门市部）
	010 - 62515195（发行公司）	010 - 62515275（盗版举报）
网　址	http://www. crup. com. cn	
经　销	新华书店	
印　刷	北京玺诚印务有限公司	
规　格	185 mm×260 mm　16 开本	**版　次**　2021 年 3 月第 1 版
印　张	12.5 插页 1	**印　次**　2021 年 3 月第 1 次印刷
字　数	212 000	**定　价**　39.00 元